AF305877

CATALOGUE

DES

TABLEAUX

ANCIENS

DES DIVERSES ÉCOLES

COMPOSANT LE CABINET DE FEU LE

Dr STANISLAS GILIBERT

VENTE

A l'Ecole de la Martinière, salle n° 1

A UNE HEURE

LE LUNDI 11 MARS 1872, & JOURS SUIVANTS

Par le ministère de M. Charles GACHOD, Commissaire-Priseur

Assisté de M. F. ODIER, Artiste Peintre

EXPOSITION PARTICULIÈRE

Le Jeudi 7 Mars, de midi à 2 heures

EXPOSITION PUBLIQUE

Le Vendredi 8 Mars, de midi à 3 heures

LYON

IMPRIMERIE DU SALUT PUBLIC

BELLON, RUE DE LYON, 33

—

1872

COLLECTION

DU

Dr STANISLAS GILIBERT

CONDITIONS DE LA VENTE

Elle sera faite au comptant.

Les acquéreurs payeront *cinq pour cent* en sus des adjudications.

L'Exposition mettant le public à même de se rendre compte des Tableaux et Gravures, il ne sera admis aucune réclamation une fois l'adjudication prononcée.

OBSERVATIONS

Les Tableaux et Gravures que nous mettons en vente proviennent *tous* de la succession de feu le docteur Gilibert.

Nous vendrons les Tableaux en suivant les numéros d'ordre du Catalogue, cette mesure sera rigoureusement observée et ne pourra sous aucun prétexte être intervertie.

Le temps nous ayant manqué pour cataloguer tous les Tableaux, nous en présenterons un certain nombre au commencement de chaque vacation, qui seront adjugés sous les numéros qu'ils portent sur l'inventaire de la succession.

Le local n'étant pas assez vaste pour permettre une Exposition générale ; tous les jours de 10 à 11 heures 1/2 du matin, ce qui devra être mis en vente dans la journée, sera exposé sous les yeux du public.

A l'issue de la vente des Tableaux, aura lieu celle des Gravures ; elles sont dignes de recevoir un bon accueil des amateurs.

CATALOGUE

DES

TABLEAUX

ANCIENS

DES DIVERSES ÉCOLES

COMPOSANT LE CABINET DE FEU LE

Dʳ Stanislas GILIBERT

VENTE

A l'Ecole de la Martinière, salle nº 1

A UNE HEURE

LE LUNDI 11 MARS 1872, & JOURS SUIVANTS

Par le ministère de M. Charles GACHOD, Commissaire-Priseur

Assisté de M. F. ODIER, Artiste Peintre

EXPOSITION PARTICULIÈRE	EXPOSITION PUBLIQUE
Le Jeudi 7 Mars, de midi à 2 heures	Le Vendredi 8 Mars, de midi à 3 heures

LYON

IMPRIMERIE DU SALUT PUBLIC

BELLON, RUE DE LYON, 33

1872

Le docteur Gilibert (Stanislas-Auguste-Joachim), ne à Grodno, capitale de la Lithuanie, le 11 décembre 1780, venait d'accomplir sa quatre-vingt-dixième année, lorsqu'il s'est éteint.

Un homme qui, pendant sa longue existence, n'a eu d'autre objectif que de faire le bien, devait, à ses derniers moments, se montrer ce qu'il a toujours été, c'est-à-dire un philosophe soucieux du bonheur du peuple et l'ardent zélateur des progrès que peut seul amener le développement de l'instruction publique.

La devise du docteur Gilbert, en Economie sociale et politique, était : « A chacun selon son travail, son intelligence, sa moralité. » Son testament contribuera, dans une bonne mesure, à la réalisation de cette devise. Sa fortune, qui vient s'ajouter au legs splendide du major-général Martin, le généreux fondateur de l'Ecole La Martinière, augmentera sensiblement la proportion des élèves appelés à réaliser le vœu du donateur, en donnant ainsi à Lyon un plus grand nombre de travailleurs instruits.

La médecine qui, pour être intelligemment et consciencieusement exercée, demande de la part du praticien une connaissance approfondie de presque toutes les branches scientifiques, ne permet qu'aux hommes d'un talent hors ligne de se délasser l'esprit avec tout autre genre d'occupation.

M. Gilibert était une intelligence d'élite ; il pouvait se permettre quelques instants de répit. Il en a profité pour cultiver les beaux-arts, pour ainsi dire à temps perdu, entre autres la peinture et la gravure. Les moyens de fortune dont il pouvait largement disposer, l'avaient mis à même de parfaire une collection de tableaux et de gravures, dont la valeur relative marque à peu près les étapes qu'il a dû parcourir avant de s'élever au rang de connaisseur émérite. Ses toiles, toutes fort appréciables, le sont cependant plus ou moins, selon la date de leur acquisition. Les unes témoignent, en quelque sorte, de son inexpérience, les autres démontrent évidemment que, même dans cette branche d'aptitudes intellectuelles, le docteur

Gilibert a dû acquérir peu à peu ce degré de critique qui fait du connaisseur de tableaux un homme de goût et un appréciateur compétent du talent d'autrui.

Il y a trois ans, lorsque la collection Laforge fut mise en vente, la foule s'y porta et lui fit un accueil signalé : c'est qu'en effet la position du détenteur, son expérience, sa pratique de l'art, lui avaient donné un tact sûr pour apprécier le mérite réel et la qualité d'un tableau. Chacun fut désireux d'acquérir un objet provenant de son cabinet. Les garanties analogues offertes par la collection du docteur Gilibert, lentement et judicieusement amassée pendant une existence entière, qui remonte au siècle dernier, alors que les bons tableaux étaient moins rares qu'aujourd'hui, nous permettent d'espérer que l'empressement des amateurs ne sera pas moins grand. L'intérêt sera vivement excité par quelques productions de premier ordre. Nous pensons que si des recherches étaient faites dans Smith, on y trouverait décrits quelques-uns de ces tableaux ; mais nous avons cru devoir laisser le plaisir de ces recherches aux acquéreurs.

Le nombre considérable de tableaux laissés par M. Gilibert nous a contraint, pour ne pas retarder davantage la publication de ce catalogue, à n'en décrire qu'un certain nombre.

Nous avons, autant que nous l'a permis le défaut de tout renseignement et le peu de temps qu'il nous a été possible de consacrer à l'examen de cette collection, composée de plus de trois cent cinquante peintures, sur lesquelles nous n'avions aucune note, nous avons, dis-je, fait tout ce qui dépendait de nous pour donner à chacune d'elles le nom de son véritable auteur. Tout tableau qui nous a paru douteux a été relégué aux inconnus, parmi lesquels, pour cette raison, il s'en rencontrera encore d'excellents. Nous entrons dans tous ces détails afin que Messieurs les amateurs et Messieurs les marchands soient édifiés sur la manière consciencieuse dont nous allons procéder à cette vente.

F. ODIER.

DÉSIGNATION DES TABLEAUX

ÉCOLES D'ITALIE

ZAMPIERI (Domenico), *dit le* **DOMINIQUIN**

Né en 1581, mort à Naples, en 1641.

1.—*La fille d'Hérodiade porte la tête de saint Jean-Baptiste*

Salomé debout, vue de trois quarts, porte sur un bassin
la tête de saint Jean : elle est vêtue d'une robe
grenat, d'un manteau bleu et coiffée d'un riche
turban.

Ce tableau est surtout remarquable par la franchise et la vivacité
des teintes et la manière savante avec laquelle les draperies sont
ajustées.

Sur toile, cadre sculpté, hauteur 1ᵐ21, c. largeur 92 c.

RICIARELLI (Daniele), *dit* **DANIEL DE VOLTERRE**

Né à Volterra en 1509, mort en 1566.

2. — *La Descente de croix.*

Joseph d'Arimathie, Nicodème et des serviteurs montés
sur des échelles, descendent le corps du Christ. La

sainte Vierge brisée par la douleur, gît renversée, évanouie, au pied de la croix, Marie-Madeleine et les saintes Femmes s'empressent de la secourir.

Ce tableau est grandiose dans les attitudes et dans les dispositions générales; il offre des caractères vrais et une expression pathétique.

Sur toile, cadre doré, hauteur 98 c., largeur 73.

DANIEL DE VOLTERRE

3. — *Thomyris, reine des Scythes, se fait apporter la tête de Cyrus.*

La reine debout, pose sur une table une coupe remplie de sang. Le bourreau, un glaive dans la main droite, lui présente de l'autre la tête de Cyrus.

Cette production offre des attitudes motivées, des caractères vrais, le dessin unit la noblesse des formes antiques à la fierté de l'Ecole florentine.

Sur bois, cadre sculpté, hauteur 85 c., largeur 1m12 c.

AMERIGHI (Michel-Angiolo), *dit le* CARAVAGE

Né à Milan en 1569, mort à Porto-Ercole en 1609.

4. — *Le Concert.*

Cinq personnages réunis autour d'une table, chantent tenant à la main un cahier de musique; celui qui les dirige bat la mesure en s'accompagnant de la voix.

Sur une table on distingue une écuelle, un pain et une bouteille renversée.

Ce tableau est remarquable par un coloris solide, par l'énergie et la franchise des expressions et par un vigoureux effet.

Sur toile, cadre sculpté, hauteur 1ᵐ25, largeur 1ᵐ70.

ÉCOLE DU CARAVAGE

5. — *La Vierge et l'Enfant Jésus*

La Vierge tient dans ses bras son divin Fils.

Coloris d'un effet harmonieux et piquant.

Sur toile, hauteur 95 c., largeur 72 c.

ÉCOLE ITALIENNE (xviiᵉ siècle)

6. — *Paysage montueux.*

Une rivière coule au milieu d'une vallée rocailleuse, dominée des deux côtés par la crête de hauts rochers. Sur celui de droite est construit un château-fort ; à gauche, au premier plan, on voit un homme causant avec une femme : dans le fond une montagne.

Peint d'une manière franche et large.

Sur toile, cadre doré, hauteur 50 c., largeur 66 c.

ÉCOLE ITALIENNE (XVIIe siècle)

7. — *Paysage.*

Entrée d'une forêt.

Cette production est d'un bon ton de couleur et bien entendue d'effet.

Sur toile, cadre doré, hauteur 52 c., largeur 1m27 c.

ÉCOLE ITALIENNE (XVIIe siècle)

8. — *Paysage.*

Pendant du précédent; en a toutes les qualités.

Sur toile, cadre doré, hauteur 52 c., largeur 1m27 c.

ÉCOLE ITALIENNE (XVIIe siècle)

9. — *La main chaude.*

Dans un paysage, sept charmants petits amours jouent
à la main chaude.

Cette délicieuse petite composition, que Boucher ne désavouerait pas,
est pleine d'intention et de finesse: elle est rendue avec tout
l'esprit que comporte le sujet.

Cadre doré, hauteur 15 c., largeur 29 c.

ÉCOLE ITALIENNE (xviie siècle)

10, — *La Madone.*

Elle est représentée de trois quarts; les yeux fixés au
ciel, la tête ornée d'un voile des plus simples.

Cette figure. bien dessinée, bien peinte, est d'une expression suave.

Sur toile, cadre doré, hauteur 58 c., largeur 47 c.

ÉCOLE ITALIENNE (xviie siècle)

11. — *Judith.*

Vue de face, accompagnée d'une suivante, tient de la
main gauche la tête d'Holopherne, de l'autre un
glaive ; elle est vêtue d'une robe rouge.

Ce tableau, bien composé, est d'un bon coloris.

Sur toile, hauteur 98 c., largeur 79 c.

LAURI (Philippe)

Né à Rome en 1623, mort en 1694.

12. — *L'Extase de saint François.*

Le saint, affaibli par les veilles et le jeûne, sommeille
sur un rocher, tenant une croix et une tête de mort
sur ses genoux ; auprès de lui est un livre ouvert,

au-dessus de sa tête un ange joue de la viole et des chérubins voltigent dans les airs. Dans le fond, à droite, on aperçoit un religieux.

La couleur de ce petit tableau est à la fois vigoureuse et agréable, le pinceau en est facile, le paysage d'un effet puissant.

Sur toile, cadre sculpté, hauteur 60 c., largeur 47 c.

ÉCOLE ITALIENNE (XVIIᵉ siècle)

13. — *La Madeleine éplorée.*

Sa tête, vue de face, est ornée de beaux cheveux blonds, qni retombent sur ses épaules. Ses yeux, baignés de larmes, sont levés au ciel.

Ce tableau est fin de ton et d'un effet harmonieux.

Sur bois, cadre noir, hauteur 42 c., largeur 34 c.

BARBIERI (Giovanni-Francesco), *dit* LE GUERCHIN

Né à Cento en 1591, mort en 1666.

14. — *La Vierge et l'Enfant Jésus* (peinture d'autel).

La Vierge, assise, tient l'Enfant Jésus sur ses genoux ; elle le contemple avec tendresse et soulève délicatement, de la main droite, le linge sur lequel il est couché. Sa coiffure et son costume sont des plus

simples; elle porte un voile sur la tête, une robe
rouge et un manteau bleu.

Composition remarquable par un grand goût de dessin, par la vérité
de l'expression, par l'harmonie du coloris et la franchise du
pinceau.

Sur toile, hauteur 1m35 c., largeur 97 c.

LE GUERCHIN

15. — *La Vierge et l'Enfant Jésus.*

Elle est assise, tenant son divin Fils dans ses bras, revêtue d'une robe grenat et d'un manteau bleu.

Ce tableau, composé et exécuté avec beaucoup de soin, est d'un beau
caractère et d'un coloris aimable.

Sur toile, cadre ovale, sculpté, hauteur 84 c., largeur 68 c.

LE GUERCHIN

16. — *La Vierge, l'Enfant Jésus et plusieurs saints.*

La Vierge, assise sur un trône, présente le sein à l'Enfant Jésus. A ses pieds le petit saint Jean. Près de
ce dernier sainte Marguerite à genoux; au-dessus
d'elle est saint Augustin, revêtu de ses habits ponti-
ficaux. De l'autre côté, sainte Cécile fléchissant le
genoux devant le Sauveur.

Grande et belle composition.

Sur toile, hauteur 1m46 c., larg. 1m16 c.

CANAL (Antonio da), *dit* **CANALETTI** (école de)

17. — *Ruines d'architecture.*

Les ruines d'un splendide palais de Venise sont baignées par les eaux du grand canal. Derrière, un peu à droite, on aperçoit de riches habitations. Dans le fond une autre partie de la ville.

Ce morceau se distingue par une bonne couleur et une perspective bien observée.

Sur toile, hauteur 1m1 c., largeur 1m32 c.

CARPI (Jacopo da)

18. — *David vainqueur de Goliath.*

Il est représenté debout, coiffé d'une toque surmontée d'une plume ; de longs cheveux tombent sur ses épaules. Il n'a pour tout vêtement qu'une peau de de mouton. De la main gauche il porte la tête de Goliath ; l'autre, qui tient sa fronde repose sur sa hanche.

Cette production, qui a beaucoup d'analogie avec le *David* du Guide. se recommande par un dessin correct et une touche spirituelle et facile.

Sur toile, cadre sculpté, hauteur 1m22 c., largeur 95.

TIEPOLO (Giovanni-Battista)

19. — *La Cène.*

Jésus-Christ est à table, entouré de ses douze apôtres. Saint-Jean, son disciple bien aimé, est près de lui.

Une très-grande liberté du pinceau, un bel empâtement des couleurs et un harmonieux effet appellent l'attention des amateurs.

Sur toile, cadre doré, hauteur 65 c., largeur 1m5 c.

RENI (Guido), *dit* LE GUIDE

Né à Calvenzano en 1575, mort en 1642

20. — *Sommeil de l'Enfant Jésus.*

Le divin Enfant est couché sur des draperies, la main droite placée sous sa tête, le bras gauche étendu négligemment. Dans le fond, des rideaux bruns.

Le ton général de cette peinture est brillant et vigoureux, le dessin d'un grand caractère.

Sur toile, cadre sculpté, hauteur 8 j c., largeur 1m7 c.

LE GUIDE

21. — *Martyre de saint Pierre.*

Un des bourreaux élève le saint sur la croix au moyen d'une corde dont il a lié l'extrémité des jambes. Un autre le tient par le milieu du corps et un troisième se dispose à lui enfoncer un clou dans les pieds. Le fond représente une masse de rochers.

Ce tableau, qui s'écarte beaucoup du faire du Guide, a été probablement peint dans le temps où il cherchait la manière du Caravage. La couleur en est sombre mais vigoureuse et le dessin d'une correction parfaite.

Sur toile, cadre sculpté, hauteur 64 c., largeur 46 c.

LE GUIDE

22. — *La Vierge, l'Enfant Jésus et saint Jean.*

La Vierge, assise, tient l'Enfant Jésus sur ses genoux ; il donne sa bénédiction au jeune saint Jean, qui lui embrasse le pied. A droite, dans le fond, sur l'appui d'une fenêtre, un vase de fleurs.

Il serait difficile de trouver dans cette dimension et dans ce style un tableau plus gracieux, plus complet et plus agréable.

Sur cuivre, cadre sculpté, hauteur 26 c., largeur 20 c.

RENI (Guido), attribué à

23. — *Sainte Madeleine.*

Elle est représentée regardant le ciel, la main droite posée sur la poitrine ; ses cheveux flottent sur ses épaules.

Cette figure n'offre pas moins de vigueur que d'harmonie.

Sur toile, cadre doré, hauteur 70 c., largeur 58 c.

Guido **RENI** (attribué)

24. — *Le Sommeil de l'Enfant Jésus.*

L'Enfant est couché sur un lit de repos, la tête
appuyée sur un coussin. La Vierge, les mains croisées sur la poitrine, paraît heureuse en regardant
son fils, de considérer son Dieu.

Rien n'est plus simple et plus gracieux que cette composition.

Sur toile, cadre doré, hauteur 66 c., largeur 82 c.

Guido **RENI** (d'après)

25. — *La Madeleine.*

Les yeux levés vers le Ciel, les mains croisées sur la
poitrine, elle semble implorer le pardon de ses fautes.
Ses cheveux ondoyants flottent sur son cou et sur
ses épaules.

Très-bonne copie ancienne.

Sur toile, cadre ovale, doré, hauteur 66 c., largeur 56 c.

ALLORI (Cristofano), *dit le* **BRONZINO**

Né à Florence en 1577, mort en 1621.

26. — *Saint Charles Borromée.*

Il est vu de profil, dans son costume de cardinal, bonnet et camail pourpre.

Ce portrait est exécuté d'un pinceau précieux et facile.

Sur bois, cadre doré, hauteur 31 c., largeur 24 c.

ECOLE ITALIENNE (xv° siècle)

27. — *La Vierge en prière.*

La Vierge, à genoux, les mains jointes, est vue de trois quarts, les yeux fixés sur un livre de prières, placé sur un prie-dieu.

On retrouve, dans cette production de la primitive école d'Italie, une grande sagesse de dessin et une expression vraie et simple.

Sur bois, cadre doré, hauteur 27 c., largeur 18 c.

———

BLOEMEN (Johan van), *dit* ORIZONTE

Né en 1656, mort à Rome en 1748.

28. — *Vue d'une Campagne d'Italie.*

Un très-joli site, coupé par une rivière, ombragé d'arbres dont la cime se détache sur un beau ciel. On voit sur le premier plan un berger à cheval, conduisant son troupeau ; plus loin, sur un monticule, les ruines d'un château. A l'horizon, des montagnes.

Ce tableau, exécuté d'un pinceau brillant et large, est d'un effet saisissant.

Sur toile, cadre doré, hauteur 25 c., largeur 43 c.

———

ECOLE ITALIENNE (xvi° siècle)

29. — *Le Denier de César.*

Jésus-Christ est vu de trois quarts : il est vêtu d'une

robe rouge et d'un manteau bleu. Un homme, vu de profil, lui présente une pièce de monnaie.

Peinture extrêmement soignée, d'un faire vigoureux.

Sur toile, cadre doré, hauteur 73 c., largeur 57 c.

SIRANI (Elisabeth)

Née à Bologne en 1638, morte en 1665.

30. — *La Vierge et son Fils.*

L'Enfant Jésus est debout, soutenu par sa mère, qui tient une coupe de la main droite ; elle porte pour coiffure un voile blanc, qui tombe sur ses épaules. Elle est vêtue d'une robe rose et d'un manteau bleu.

Jolie production bien dessinée, bien peinte, d'un effet doux très-agréable.

Sur toile, cadre doré, hauteur 73 c., largeur 56 c.

BUONACORSI (Pietro), *dit* PERINO DEL VAGA

31. — *Figure à mi-corps d'une jeune femme.*

La tête, vue de trois quarts, regardant le spectateur, est ornée d'une gaze légère qui accompagne ses longs cheveux blonds. Elle porte une robe lilas-gris et tient dans ses mains un linge blanc. Son visage exprime une profonde douleur.

Cette demi-figure est l'étude de l'une des saintes femmes d'un grand tableau de ce peintre, représentant la Descente de croix. Elle est admirable de couleur, de dessin et de finesse d'exécution.

Sur bois, cadre ovale, doré, hauteur 70 c., largeur 61 c.

PERINO DEL VAGA

32. — *Figure à mi-corps d'un jeune homme.*

Il est représenté de trois quarts à droite, ses cheveux blonds sont frisés ; il est vêtu d'une tunique jaune clair, les mains sont jointes et entrelacées.

Pendant du précédent, est également une étude du maître pour le même tableau. Le dessin de cette tête est pur et correct, l'expression noble et gracieuse, le coloris suave et doux.

Sur bois, cadre ovale doré, hauteur 70 c., largeur 61.

ECOLE ITALIENEE (xvie siècle)

33. — *Portrait d'un Doge.*

Le personnage est vu de trois quarts, portant toute la barbe, coiffé d'un bonnet rouge surmonté d'une aigrette ; il est vêtu d'une houppelande rouge-brun garnie de fourrures.

Ce portrait a le coloris solide et doré des maîtres Vénitiens.

Sur toile, cadre sculpté, hauteur 66 c., largeur 49 c.

VANNUCHI (Andrea). *dit* André del **SARTE**

Né à Florence en 1488, mort en 1530.

34. — *Judith tenant la tête d'Holopherne.*

Judith vue de profil, coiffée d'un voile rose, est accompagné d'une servante, tenant un sac dans lequel elle enferme la tête d'Holopherne ; elle est revêtue d'une tunique jaune à manches grises. La servante porte une coiffe blanche et une robe cerise avec pardessus blanc.

Ce tableau superbe de disposition et d'éclat est de la meilleure époque du maitre ; il est plein d'expression et d'une grande manière, les draperies en sont riches et rendues avec beaucoup de soin.

Sur bois, cadre sculpté, hauteur 1m12, largeur 94 c.

DOSSI (Dosso)

Né à Dosso vers 1479, mort vers 1560.

35. — *Buste du Dante.*

Sa tête est vue de trois quarts à gauche, coiffée d'un bonnet cerise, surmonté d'une couronne de lauriers ; son vêtement est également cerise.

Ce portrait d'une expression austère, pleine de sublimité, est d'un coloris diaphane et d'une grande pureté de dessin.

Sur bois, hauteur 43 c., largeur 35 c.

ECOLE ITALIENNE (xviiᵉ siècle)

36. — *Sainte Lucie.*

Sa tête, vue de face, est ornée de longs cheveux qui
retombent sur ses épaules, d'une main elle porte un
plat sur lequel sont des yeux, de l'autre une palme,
symbole du martyre.

Cette peinture est d'une grande franchise de touche.

Sur toile, cadre noir, hauteur 66 c., largeur 55 c.

CARRACI (Annibal). *dit le* CARRACHE

Né à Bologne en 1560, mort à Rome en 1609.

37. — *Saint Jean-Baptiste.*

Il est assis, à demi-renversé, vu de profil, les yeux
levés vers le ciel, de la main droite il indique une
croix qu'il tient de la main gauche.

Cette figure est de la plus puissante et de la plus belle manière du
Carrache, le dessin en est ferme, coulant et pur, la touche aussi
libre que magistrale.

Sur toile, hauteur 1ᵐ11 c., largeur 1ᵐ26 c.

Annibal CARRACHE

38. — *La mort d'Abel.*

Caïn épouvanté du crime qu'il vient de commettre, fuit

ramenant son troupeau. Le corps de son frère, git renversé au pied de l'autel.

Ce tableau se distingue par le grand goût du dessin, la vigueur de l'effet et la fermeté de l'exécution.

Sur toile, hauteur 68 c., largeur 1m48. c.

___

Annibal **CARRACHE**

39. — *Céphale et Procris.*

Le roi penché sur le corps de sa maîtresse expirante, arrache de son sein la flèche dont il vient de la frapper. Un chien est près de lui.

Le fond un peu sombre de ce tableau fait valoir la beauté du dessin et la grande franchise des contours et des teintes.

Sur toile, hauteur 98 c., largeur 1m16 c.

___

ECOLE ITALIENNE (xviie siècle)

40. — *Saint Antoine de Padoue.*

L'Enfant Jésus debout sur un nuage, entouré de chérurubins, descend sur l'autel au pied duquel le saint est agenouillé ; un ange tenant une couronne de fleurs voltige au-dessus de sa tête ; à droite, deux religieux contemplent cette scène.

Jolie composition d'une couleur aimable.

Sur toile, cadre doré, hauteur 89 c., largeur 64 c.

ROSA (Salvator)

Né à Renella en 1615, mort en 1673.

41. — *Paysage avec rochers.*

Au centre un fleuve roule ses eaux, qui forment en
passant pardessus des fragments de roches une cas-
cade dont les flots se brisent et rejaillissent en écume
sur d'énormes pierres, une barque vogue vers ces
récifs. Près de la rive à droite, sur des rochers montueux et boisés, trois bandits épient le moment où le
bateau va sombrer. Dans le fond, sur une colline, on
aperçoit les ruines d'un vieux château ; le ciel est
orageux.

L'on retrouve dans l'exécution de ce tableau la fougue habituelle de
Salvator. Il serait difficile de rencontrer une autre composition qui
donnât une meilleure idée du talent facile de ce maître.

Sur toile, cadre doré, hauteur 72 c., largeur 95 c.

SALVATOR ROSA (Ecole de)

42. — *Saint Jérôme.*

Assis au pied d'un arbre, sur les bords d'un ruisseau,
le saint écrit sur un livre posé sur ses genoux.

Tableau d'un effet simple et décidé.

Sur toile, cadre doré, hauteur 1m15 c., largeur 78 c.

ECOLE ITALIENNE (XVIIᵉ siècle)

43. — *La Madeleine.*

Les yeux fixés au ciel, tient la main droite levée,
l'autre posée sur une tête de mort.

L'attitude et l'expression de cette figure sont des plus vraies.

Cadre doré, ovale, hauteur 49 c., largeur 36 c.

VECELLIO (Tiziano), *dit le* TITIEN

Né à Pière en 1477, mort en 1576.

44. — *Sujet mythologique.*

Vénus est assis à gauche, l'Amour est derrière elle
appuyé sur son épaule; à droite, une nymphe prosternée, offre un vase à la déesse, que celle-ci tient
dans ses mains. Un jeune faune debout contemple la
divinité; dans le fond, on voit un satyre tenant une
corbeille de fruits au-dessus de sa tête.

Cette composition aimable qui rappelle celle du même maître, représentant Alphonse d'Avalos et sa maîtresse, est superbe de disposition
et d'éclat, les qualités en sont exquises.

Sur toile, cadre doré, hauteur 1ᵐ08 c., largeur 1ᵐ30 c..

LE TITIEN

45. — *Portrait d'homme.*

Il est représenté de face, portant toute la barbe, les

cheveux courts, coiffé d'une toque noire et revêtu d'une houppelande garnie de fourrures ; il tient un papier de la main gauche et dans la droite des gants.

Le dessin de cette figure est pur et correct, l'expression est noble et vraie, la couleur chaude et dorée.

Sur bois, cadre sculpté, hauteur 1m02 c., largeur 78. c.

ÉCOLE ITALIENNE (xviiᵉ siècle)

46. — *Saint Jérome.*

A l'entrée d'une grotte, le saint prosterné devant une croix, se frappe la poitrine avec une pierre, près de lui est son lion fidèle, dans le fond à gauche un paysage.

Considéré sous le rapport de la composition et de la couleur, ce tableau ne mérite que des éloges.

Sur toile, hauteur 85 c., largeur 70 c.

SCHIDONE (Bartolomeo)

Né à Modène en 1580, mort en 1615.

47. — *Le Christ au tombeau.*

Soutenu par deux anges, le corps de Jésus-Christ à demi enveloppé dans son linceul est posé sur le bord du sépulcre.

La composition de ce tableau est simple et touchante, les têtes ont du sentiment et de l'expression, l'ensemble est des plus harmonieux.

Sur toile, cadre doré, hauteur 63 c., largeur 48 c.

ÉCOLE ITALIENNE (xviie siècle)

48. — *Porcia.*

Fille de Caton d'Utique et femme de Junius Brutus,
se donne la mort en avalant des charbons ardents.

Cette toile extrêmement soignée, est d'un faire large et vigoureux.

Sur toile, hauteur 82 c., largeur 69 c.

PANINI (Giovanni Paolo)

Né à Plaisance en 1691, mort à Rome en 1768.

49. — *Tobie et l'Ange.*

Sur une route dans un site magnifique, orné de monuments en ruines, on voit l'ange Raphaël et le jeune
Tobie qui se dirigent vers une rivière. Dans le fond,
on distingue des fabriques, à l'horizon des montagnes.

Cette charmante composition se distingue par une bonne perspective
aérienne, un ton lumineux, un bel empâtement de couleurs et une
touche facile.

Sur toile, cadre doré, hauteur 54 c., largeur 67 c.

ÉCOLE ITALIENNE (xvie siècle)

50. — *Portrait de femme.*

Elle est vue de trois quarts à gauche, des pierreries et
une gaze légère ornent sa coiffure, elle porte une

robe noire à manches blanches, au cou un collier de perles.

Ces traits harmonieux et doux sont bien dessinés.

Sur bois, hauteur 60 c., largeur 46 c.

PONTE (Jacopo da) *dit* Jacques **BASSAN**

Né à Bassano en 1510, mort en 1592.

51. — *Adoration des Mages.*

La Vierge, assise sur lesmarches d'un édifice en ruines, tient l'enfant Jésus sur ses genoux, Saint-Joseph est derrière elle à gauche. Au milieu sur l'avant plan, un roi mage se prosterne devant le divin Messie, deux autres rois apportent des présents. Les gens de la suite et les chevaux sont à droite.

Cette composition est d'un grand style, bien entendu, les figures principales sont bien dessinées et le coloris est remarquable par la franchise et l'harmonie des teintes.

Sur toile, cadre doré, hauteur 98 c., largeur 131 c.

PONTE (Francesco da), *dit* François **BASSAN**

Né à Bassano en 1550, mort en 1592.

52. — *Adoration des Bergers.*

L'enfant Jésus est couché sur un lange, posé sur une crèche garnie de paille, la Vierge est prosternée devant son divin fils, des bergers l'entourent et le regardent avec intérêt, l'un deux a déposé un agneau au pied de la crèche ; par le ciel entrouvert l'étoile illumine cette scène.

Ce tableau se distingue par la hardiesse de l'exécution, la vigueur de l'effet et la magie du clair obscur.

Sur bois, cadre doré, hauteur 1m05 c., largeur 83 c.

BARBARELLI (Giorgio), *dit le* **GIORGION** (Ecole de)

53. — *Portrait d'un Pape.*

Il est vu de trois quarts, les yeux levés vers le ciel, sa main gauche est posée sur un livre, de l'autre il tient une plume ; le saint Esprit plane au dessus de sa tête.

Ce portrait est d'un dessin décidé et d'une touche libre et hardie.

Sur toile, hauteur 98 c., largeur 73 c.

TIZIO (Benvenuto), *dit le* **GAROFOLO**

Né à Garofolo en 1481, mort en 1559.

54. — *La Vierge et l'enfant Jésus.*

Le Sauveur est sur les genoux de sa mère, qui l'embrasse et le presse sur son cœur.

Le Garofolo qui était un des admirateurs de Raphaël, a cherché dans cette production à se rapprocher de cet illustre modèle ; sa composition est simple, son dessin élégant, sa couleur solide et pleine d'éclat.

Sur bois, cadre noir, hauteur 47 c., largeur 38 c.

ÉCOLE ITALIENNE (XVIIe siècle)

55. — *Jésus-Christ chez Marthe et Marie.*

Le Christ assis, adresse la parole à Marthe qui lui montre Marie.

Les figures et le paysage sont d'une agréable simplicité.

Sur toile, hauteur 94 c., largeur 73 c.

FETI (Domenico)

Né à Rome en 1589, mort à Venise en 1624.

56. — *La Mélancolie.*

Elle est représentée à genoux, sous les traits d'une femme encore jeune ; une de ses mains supporte son front penché vers une tête de mort, qu'elle contemple d'un œil fixe. Près d'elle des livres, une sphère, un chien d'une allure sauvage, qui semble partager sa tristesse. Des ruines dans le fond du tableau.

Le dessin et le coloris de cette belle page sont des plus vigoureux, la touche est large et fière, la figure a une expression d'un aspect imposant.

On ne saurait donner trop d'éloges à cet ouvrage, qui peut être
regardé comme une des meilleures productions du maitre.
Le Feti a traité plusieurs fois cette composition, on la trouve, aux
Musées du Louvre, de Rouen et de Nancy.

Peint sur toile, cadre doré, hauteur 1ᵐ30 c., largeur 98 c.

ROBUSTI (Jacopo). *dit le* **TINTORET** (Ecole de)

57. — *Portrait d'un Chevalier.*

Le personnage est représenté de trois quarts, à gauche,
avec les cheveux courts, revêtu d'un pourpoint et
d'un manteau brun, décoré d'une croix blanche, il
porte une fraise autour du cou, sa main droite repose
sur la poignée de son épée.

Ce portrait ne le cède à aucun autre pour la fierté de la touche et la
fermeté du pinceau.

Sur toile, cadre sculpté, hauteur 62 c., largeur 51 c.

ALBANI (Francesco)

Né à Bologne en 1578, mort en 1660.

58. — *Jésus et la Samaritaine.*

La Samaritaine debout, un vase à la main, écoute la
parole du Christ assis et appuyé sur le bord du puits,
un grand arbre est placé derrière, à droite la ville
de Samarie.

Ce tableau, comme presque tous ceux de l'Albane, est d'un pinceau moelleux ; les figures sont dessinées avec élégance, ajustées avec goût et d'une expression vraie, le paysage n'est pas moins bien traité que les figures.

Sur bois, cadre sculpté, hauteur 53 c., largeur 77 c.

LANFRANCO (Giovanni), vulgair. Jean **LANFRANC**

Né à Parme en 1581, mort en 1647.

59. — *Le repentir de Saint-Pierre.*

Le Saint vu de trois quarts, tourné à gauche les yeux levés au ciel, les mains jointes, implore son pardon.

Ce tableau est peint d'une manière hardie. les couleurs en sont fortes et fières, la touche large et facile.

Sur toile, cadre doré ovale, hauteur 71 c., largeur 51 c.

RAIBOLINI (Francesco), *dit* **FRANCIA**

Né à Bologne en 1460, mort en 1517.

60. — *La Vierge, l'enfant Jésus et Saint François.*

L'enfant Jésus debout, soutenu par sa mère, a les yeux fixés sur elle, il tient un petit oiseau dans sa main gauche. La Vierge revêtue d'une tunique rouge, porte un ample manteau bleu, qui se relève au-dessus de sa tête, une gaze blanche entoure son visage. Saint François une croix à la main est placé à gauche, derrière la Sainte Vierge. Dans le fond une draperie brune.

Cette ravissante composition se distingue par une grande pureté de dessin, par un coloris suave et brillant, qui rappelle celui du Perugin, par de belles draperies, dont le faire a beaucoup de rapport avec celles de Bellini ; de plus il règne dans les airs de têtes de ce tableau, une expression naïve et sainte, qu'offrent tous les beaux ouvrages de cette époque. Les ouvrages de Francia sont extrêmement rares.

Sur bois, cadre sculpté, hauteur 71 c., largeur 55 c.

VANUCCI (Piétro), *dit le* PERUGIN

Né à Castello della Piève en 1446, mort en 1524.

61. — *La sainte Vierge et l'enfant Jésus.*

La Vierge assise, vue de face, tient son divin fils sur ses genoux, un voile blanc encadre sa figure, elle est vêtue d'une robe rouge et enveloppée d'une mante bleue, doublée de vert, fond de paysage.

Dans cet ouvrage remarquable, tout-à-fait digne d'occuper une place dans un Musée de premier ordre, le style du Perugin se montre dans toute sa splendeur . C'est bien là son dessin simple, correct et décidé, ce sont bien ses draperies si riches de ton, si franches de contours et ses airs de tête, dont on ne peut se lasser d'admirer le charme.

Sur bois, cadre doré, hauteur 80 c., largeur 58 c.

MANFREDI (Barthélemy)

Né en 1572, mort en 1608.

62. — *La Flagellation.*

Le Christ une chaîne au cou est agenouillé ; un bourreau la main posée sur sa tête, l'oblige à baiser terre
pendant qu'un autre, lui porte un coup de pied et le
frappe avec une chaîne, qu'il tient de la main droite,
l'on voit par terre des vêtements, une lance et des
verges.

Ce tableau est d'un coloris chaud et vigoureux, les attitudes sont motivées, les expressions naturelles. La figure du Christ qui respire
la douceur contraste parfaitement avec les passions haineuses
imprimées sur les figures des bourreaux.

Sur toile, cadre sculpté, hauteur 38 c., largeur 47 c.

ÉCOLE DU PRIMATICE

63. — *La Charité.*

Elle est représentée debout, sous les traits d'une jeune
et jolie femme ; elle porte sur son bras droit, un
enfant endormi dont la tête repose sur son épaule.
Deux autres sont à ses pieds, celui qui est à sa gauche lui présente un fruit.

On admire dans ce tableau, la noblesse de la pensée, une touche
savante et un coloris tendre et égal.

ÉCOLE ESPAGNOLE

MORALÈS (Louis de) *dit le* **DIVIN**

Né à Badajoz vers 1509, mort en 1586.

64. — *Le Christ au roseau.*

Sa tête, inclinée à droite, est couronnée d'épines, les mains liées , dans la droite un roseau, sur les épaules un manteau de pourpre.

Cette tête est fort belle et n'est pas moins admirable sous le rapport de l'expression que pour la force, la vérité du coloris et le fini du pinceau. Le musée du Louvre ne possède aucun tableau de ce maître.

Sur bois, cadre sculpté, hauteur 39 c., largeur 30 c.

RIBÉRA (Joseph de) *dit* **l'ESPAGNOLET**

Né à San-Felipe en 1588, mort à Naples en 1656.

65. — *Elie est ravi au Ciel.*

Un ange, les ailes déployées, est debout sur un char, porté par un tourbillon et traîné par des chevaux

ardents ; de la main droite il les retient, de l'autre
il entraîne le prophète. Elisée, les mains jointes, est
près de son maître.

Cette étonnante production se distingue par une fierté de pinceau
incomparable, un bel empâtement des couleurs et des lumières
savamment distribuées.

Sur toile, cadre doré, hauteur 78 c., largeur 1m08 c.

RIBÉRA

66. — *Portrait d'un Vieillard.*

Il est représenté de face, la tête légèrement penchée à
droite, le front chauve, la barbe et la moustache
blanches. Il porte un manteau brun.

Dans cette magistrale peinture, Ribéra a atteint la suprême hauteur
de son art. Expression et dessin sont admirables, la couleur et le
clair-obscur merveilleux.

Sur toile, cadre doré, hauteur 72 c., largeur 59 c.

RIBÉRA

67. — *Saint Pierre et Saint Paul conduits au supplice.*

Saint Pierre, revêtu d'une robe grise et d'un manteau
jaune, marche la tête baissée, les mains croisées et

liées avec des cordes. Saint Paul est à ses côtés.
Derrière eux on aperçoit la tête du bourreau.

Les figures des deux saints offrent un grand caractère, un dessin correct, une expression noble et profonde.

Sur toile, cadre doré, hauteur 1ᵐ12 c., largeur 92 c.

RIBÉRA

68. — *Saint Antoine.*

Il est vu de trois quarts, tenant un chapelet de la main
droite.

Belle tête, bien peinte, d'un joli ton, les mains bien dessinées.

Sur toile, hauteur 66 c., largeur 50 c.

ZURBARAN (Francisco)

Né à la Fuente de Cantos en 1598, mort à Madrid en 1662

69. — *Saint François aux Stigmates.*

Il est représenté agenouillé, en contemplation, les
yeux levés au ciel. Près de lui un livre ouvert, appuyé sur une tête de mort. Au-dessus de lui, à gauche, on voit un groupe de chérubins. Dans le fond
du paysage un religieux un livre à la main.

Peinture très-caractéristique de l'époque espagnole. Le saint a de la beauté et de la noblesse ; le modelé est fin et délicat, l'exécution ample et magistrale.

Sur toile, hauteur 1^m63 c., largeur 1^m25 c.

ZURBARAN

70. — *Saint François.*

Il est vu de profil, les mains jointes, priant avec ferveur.

Cette demi-figure est bien peinte et d'une bonne couleur.

Sur toile, hauteur 65 c., largeur 54 c.

ÉCOLE ESPAGNOLE (XVIIe siècle)

71. — *Jésus sur la montagne des Oliviers.*

Un ange se présente à Jésus-Christ agenouillé.

Ce morceau, d'une vigueur extraordinaire, est remarquable par la magie du clair obscur.

Sur bois, cadre doré, hauteur 46 c., largeur 27 c.

GOYA Y LUCIENTES (François) *signé.*

72. — *Portrait d'homme*

Le personnage, assis dans un fauteuil, est représenté de trois quarts, avec les cheveux et la barbe gris, la tête couverte d'une toque noire ; il porte un pourpoint rouge, une pelisse brune fourrée, au cou une chaîne d'or à laquelle pend une croix. Sa main droite est posée sur sa poitrine, de la gauche il tient une lettre. On lit *Goya* sur l'adresse.

Touche vive, pétillante et naturelle, couleurs chaudes et dorées, dessin fin et gracieux, exécution grasse, empâtée et pleine d'esprit se remarquent dans cette peinture, qui rappellent le faire de Rembrandt.

Sur toile, hauteur 1ᵐ, largeur 75 c.

VELAZQUEZ (don Diego)

Né à Séville en 1599, mort à Madrid en 1660.

73. — *Portrait d'une jeune fille.*

Elle est vue de trois quarts, debout, coiffée d'un petit bonnet de guipure blanche garni de rubans, vêtue d'une robe rouge enrichie de galons de couleurs. Sa main droite relève délicatement un tablier de mousseline à bavette, orné comme sa coiffure ; de l'autre elle tient des gants. Dans le fond, par une draperie entr'ouverte, on aperçoit un paysage.

Cette toile réunit toutes les qualités qui ont placé Vélazquez au premier rang comme portraitiste.

Sur toile, hauteur 1ᵐ12 c., largeur 1ᵐ02 c.

HERRERA (Francesco) *dit le* VIEUX

Né à Séville en 1576, mort à Madrid en 1656.

74. — *Buste d'homme.*

Il est vu de profil. Sa tête est chauve, sa barbe grise.
Il tient une hallebarde de la main gauche et porte
un manteau gris, dont le capuchon est doublé d'une
étoffe rouge.

Ce morceau, d'une grande finesse de ton et largement exécuté, paraît
être une étude pour un tableau plus capital.

Sur toile, cadre ovale. doré, hauteur 75 c., largeur 62 c.

ÉCOLE ESPAGNOLE (xvii° siècle)

75. — *Saint Jérôme.*

Le saint, plongé dans une profonde méditation, appuie sa tête sur son bras gauche, posé sur un livre.
De la main droite il tient une croix, placée sur une
tête de mort. Une draperie rouge est jetée sur ses
épaules.

Cette figure est d'une couleur solide et dorée, les carnations d'un ton
simple et vrai, les accessoires touchés avec esprit.

Sur toile, hauteur 97 c., largeur 74 c.

ÉCOLE ESPAGNOLE (XVIIᵉ siècle)

76. — *Portrait d'un général de l'ordre des Carmes.*

Représenté de trois quarts à droite, regardant le spectateur ; sa tête est chauve. Il porte le costume de son ordre et tient un livre de la main droite.

Ce portrait, d'une vigueur extraordinaire, d'une attitude superbe, joint à ces qualités la fraicheur du coloris et le charme de l'exécution.

Sur toile, cadre sculpté, hauteur 66 c., largeur 50 c.

ÉCOLES

HOLLANDAISE, FLAMANDE

ET ALLEMANDE

KABEL (Adrien Van der,

Né à Ryswyck en 1631, mort en 1695.

77. — *Paysage avec figures.*

Assis sur un tertre, deux hommes causent avec une
femme ; sur l'avant-plan une autre femme, une corbeille sur la tète se retourne pour appeler son chien ;
dans le fond on aperçoit des fabriques, plus loin à
l'horizon des montagnes.

Ce beau paysage, participe dans son ensemble des beautés du Guaspre,
pour sa manière vigoureuse, son exécution spirituelle et facile et
son dessin correct.

Sur toile, cadre doré, hauteur 70 c., largeur 95 c.

KABEL (Adrien Van der)

78. — *Fuite en Egypte.*

Sous de grands arbres, auprès d'une rivière, l'Enfant
Jésus monté sur un âne, est soutenu par la Vierge,
saint Joseph demande à un batelier de leur faire
passer l'eau.

Bon coloris chaud et brillant.

Sur toile, hauteur 75 c., largeur 98 c.

KABEL (Van der)

79. — *Paysage.*

Au centre du tableau, une rivière coupe le site dans
toute sa largeur, sur une route un homme et une
femme cheminent bras dessus bras dessous ; l'on voit
dans le fond, sur un monticule un vieux château et
quelques maisons, plus loin une ligne de montagnes.

Composition d'un bon style, de la première manière du peintre.

Sur toile, hauteur 74 c., largeur 93.

KABEL (Van der)

80. — *Le Repos de la Sainte Famille.*

Dans un paysage plantureux, la Vierge assise tient son
Enfant sur ses genoux, saint Joseph est près d'elle '

deux anges sont prosternés devant le Sauveur ; un groupe de Séraphins voltigent dans les airs.

Belle composition, très-bonne couleur.

Sur toile, hauteur 95 c., largeur 1ᵐ77 c.

KABEL (Van der)

81. — *Paysage avec fabriques.*

Le site offre la vue d'une riche vallée, qui se termine dans le lointain par des montagnes, au milieu serpente une rivière, sur ses bords des fabriques qui se reflètent dans ses eaux ; sur le premier plan un homme assis cause avec une femme, à droite de grands arbres, à gauche une maison perdue dans un massif de verdure.

Composition grandiose, d'un faire très-soigné.

Sur toile, hauteur 1ᵐ, largeur 1ᵐ37 c.

ÉCOLE ALLEMANDE (XVIᵉ siècle)

82. — *Portrait d'homme.*

Le personnage vu à mi-corps porte un col de chemise rabattu sur une houppelande noire damassée. Sa tête est chauve, sa barbe blanche.

Manière noble, touche leste et juste.

Sur bois, cadre doré, hauteur 29 c., largeur 20 c.

VEEN (Otho Van) *dit* OTHO VENIUS

Né à Leyde en 1556, mort à Bruxelles en 1634.

83. — *Saint Sébastien.*

On voit dans un riche paysage, le saint attaché à un
arbre et attendant son supplice ; à terre au pied d'un
autel orné de riches sculptures, on remarque sur
une draperie rose, un carquois garni de ses flèches.

Une touche vive et agréable, un coloris argentin et brillant, un dessin
correct et décidé distinguent cette belle page.

Sur bois, cadre doré, hauteur 1m07 c., largeur 77 c.

ÉCOLE FLAMANDE (xv° siècle)

84. — *Portrait de Charles VII, Roi de France.*

Sa tête est presque de face, coiffé d'un chapeau orné
de dessins figurant des dents en or, il est vêtu d'une
robe bleu garnie de fourrures.

Très bonne peinture rappelant l'école des Van Eyck.

Sur bois, cadre sculpté, hauteur 39 c., largeur 30 c.

BROECK (Elie Van der)

Né à Anvers en 1567, mort en 1711.

85. — *Saint Joseph et l'Enfant Jésus.*

Sujet entouré d'une guirlande de fruits et d'ornements

Charmante petite production qui se distingue par la délicatesse et le
fini de l'exécution.

Sur bois, cadre sculpté, hauteur 47 c., largeur 34 c.

DE VOS (Martin)

Né à Anvers en 1520, mort en 1604.

86. — *Ave Maria.*

La Vierge est vue de trois quarts à gauche, un voile
blanc encadre sa figure, une mante de couleur brune
couvre sa tête et ses épaules.

Cette jolie figure est exécutée du pinceau le plus fini et en même
temps le plus harmonieux.

Sur bois, cadre doré, hauteur 30 c., largeur 30 c.

MARTIN DE VOS

87. — *Ecce homo* (Pendant du précédent).

Le Christ couronné d'épines, est vu de trois quarts à
droite, il porte une robe lilas et tient un roseau à la
main.

Ce tableau a le coloris fin et suave de son pendant.

Sur bois, cadre doré.

ÉCOLE FLAMANDE (XVIe siècle)

88. — *Saint François*

Agenouillé devant une croix, reçoit les stigmates.

Ce tableau est d'un effe simple et doux, la touche en est facile et
moelleuse.

Sur bois, cadre doré, hauteur 27 c., largeur 21 c.

ÉCOLE ALLEMANDE (xvie siècle)

89. — *La reine Artémise.*

Vue de face, coiffée d'un riche bonnet brodé, porte une
robe de velours garnie de fourrures, au cou une croix
en pierreries, une écharpe ceint sa taille, elle tient
de la main gauche le vase qui renferme les cendres
de son mari.

Peinture d'un fini précieux.

DURER (Albrecht) Ecole de

90. — *La Vierge et l'Enfant Jésus.*

L'enfant Jésus, tenant une pomme à la main, s'est endormi dans les bras de sa mère, qui est assise un
missel posé sur ses genoux, un voile blanc orne sa
tête, elle porte une robe bleue garnie de fourrures
et un manteau rouge, à ses pieds l'on voit une coupe
garnie de fruits ; à l'arrière plan des bois, des eaux
des rochers, des châteaux, des montagnes.

Cette délicieuse production se distingue par une touche fine, délicate
et moelleuse, par des contours légers et gracieux et par un coloris
plein de douceur et de naïveté.

Sur bois, cadre doré, hauteur 73 c., 55 c.

ÉCOLE FLAMANDE (xviie siècle)

91. — *Vision d'un Saint.*

Le Saint fixe les yeux sur un crucifix que des anges lui
présentent.

Ce joli tableau joint au charme de l'exécution la fraîcheur du coloris alliée à la transparence des ombres. (Cette peinture est signée d'un nom illisible.)

Sur toile, cadre doré, hauteur 77 c., largeur 60 c.

PORBUS (François) *dit le* JEUNE

Né à Anvers en 1870, mort à Paris en 1622.

92. — *Elisabeth de Bourbon, reine d'Espagne.*

Elle est représentée de face, sa haute coiffure est ornée de perles et de pierreries, elle porte autour du cou un collier de perles blanches et une riche fraise de dentelles, sur ses épaules un magnifique collier, son vêtement est en satin noir brodé.

Portrait admirable, d'une délicatesse extrême comme tous ceux de ce maitre.

Sur bois, cadre noir, hauteur 58 c., largeur 45 c.

FR. PORBUS

93. — *Marie de Médicis.*

La reine vue de trois quarts a des cheveux blonds courts et frisés ornés d'une dentelle noire, elle porte des perles blanches au cou et aux oreilles, sa robe en satin noir est surmonté d'une haute collerette en forme d'éventail,

Cette tête admirable de fierté et de correction est d'une couleur ravis
sante pleine de douceur et de velouté.

Sur bois, hauteur 42 c., largeur 30 c.

FR. PORBUS

94. — *Portrait d'Henri IV.*

Le roi est vu la tête nue presque de face, avec les cheveux, la barbe et la moustache gris, il est revêtu
d'une riche armure, une écharpe de soie blanche
en sautoir.

Cette figure peinte avec une grande délicatesse est pleine de vie et d'expression, le coloris en est clair et argentin.

Sur bois, cadre doré, hauteur 60 c., largeur 46 c.

ÉCOLE FLAMANDE (xviiie siècle)

95. — *Paysage avec figures*

Sur une route longeant une rivière, passent un homme
à cheval et un berger conduisant son troupeau, à
gauche sur le premier plan, des muletiers, et une
femme assise, près d'elle un enfant et un chien. Un
peu derrière une fabrique, à droite de grands arbres,
à l'horizon des montagnes.

Riche composition, pleine de vie et de mouvement, exécutée avec une
extrême finesse.

Sur bois, cadre doré, hauteur 37 c., largeur 49 c.

POELEMBURG (Corneille)

Né à Utrecht en 1586, mort en 1666.

96. — *L'Adoration des Bergers.*

L'enfant Jésus est dans une grotte, couché sur une crèche, la Vierge agenouillée, les mains croisées sur la poitrine, contemple son divin fils, saint Joseph est assis auprès d'elle ; un berger à genoux les mains jointes, adore le Sauveur. Dans le fond un groupe de bergers et de bergères. Des anges voltigent au-dessus de la scène.

Il règne dans ce délicieux petit tableau une douceur d'harmonie et une finesse d'exécution qui séduisent.

Sur bois, cadre doré, hauteur 33 c., largeur 29 c.

MIEREVELT (Michiel Jansz)

Né à Delft en 1568, mort en 1641.

97. — *Portrait d'un homme de guerre.*

Il est représenté à mi-corps, vu de trois quarts, regardant le spectateur, les cheveux sont courts grisonnants, la moustache et la barbiche presque blanches il est revêtu d'une armure et porte un col de guipure d'un riche dessin.

Coloris vrai, modelé parfait, expression de vie, toutes ces qualités se trouvent réunies, dans cette admirable peinture.

Sur bois, cadre doré, hauteur 66 c., largeur 54 c.

JARDIN (Karel du)

Né à Amsterdam en 1635, mort à Venise en 1678.

98. — *Sainte Famille.*

La Vierge est assise au milieu d'un paysage, près d'elle l'enfant Jésus les mains jointes, les coudes appuyés sur les genoux de sa mère, saint Jean est à gauche, saint Joseph et un autre Saint à droite.

Composition aimable, exécution soignée.

Sur toile, cadre doré, hauteur 47 c., largeur 38 c.

WEYDEN (Roger van der)

Florissait vers 1520.

99. — *Portrait de Philippe-le-Hardi, duc de Bourgogne.*

Le personnage est vu de profil, la tête couverte d'un chaperon noir ; il est vêtu d'une robe de brocard garnie de fourrures et d'un collet rouge.

Bonne couleur, large et belle exécution.

Sur bois, hauteur 47 c., largeur 36 c.

ÉCOLE FLAMANDE (xviie siècle)

100. — *La Vierge Marie et l'Enfant Jésus.*

La Vierge assise allaite son divin fils qu'elle tient sur ses genoux.

Composition sage, d'un caractère mystique.

Sur bois, cadre doré, hauteur 63 c., largeur 50 c.

DYCK (Antoine van)

Né à Anvers en 1599, mort à Blackfriars.

101. — *Marie-Madeleine.*

Elle est à genoux, vue de profil, appuyée contre un bloc de pierre, sa tête légèrement penchée, repose sur sa main gauche, l'autre est posée sur une tête de mort, de longs cheveux blonds flottent sur ses épaules ; elle est revêtue d'une robe de bure.

Cette belle page est surtout remarquable par la solidité, la fraîcheur et la pureté de la touche, l'harmonie des demi-teintes et des lumières.

Sur bois, cadre sculpté, hauteur 63 c., largeur 48 c.

VAN DYCK

102. — *Jésus sur la croix.*

Le Christ attaché sur la croix est prêt à rendre le dernier soupir. Madeleine agenouillée, arrose de ses

larmes les pieds du divin Sauveur. La Vierge et saint
Jean, debouts au pied de la Croix, jettent sur le
Rédempteur des regards où se peint la douleur la
plus vive.

Ce tableau, touché avec sentiment, est d un bel effet de couleur ; le
dessin est plein d'expression et d'une grande manière.

Sur toile, cadre doré, hauteur 85 c., largeur 65 c.

VAN DYCK

103. — *Le Christ en croix.*

Se détache sur un ciel sombre, à gauche un rocher,
dans le fond Jérusalem.

Cette production remarquable par l'harmonie de la couleur est remplie
d'une expression de tristesse vraie et profonde.

Sur bois, cadre doré, hauteur 47 c., largeur 32 c.

VAN DYCK

104. — *Sainte Famille.*

La Vierge assise tient l'enfant Jésus sur ses genoux,
elle semble parler à saint Joseph, qui est placé à
gauche, le petit saint Jean debout, tenant une croix
de la main gauche, joue avec le saint Enfant. Fond
de paysage.

Composition aimable, qualités exquises.

Cadre doré, hauteur 54 c., largeur 44 c.

ÉCOLE FLAMANDE (xviie siècle)

105. — *Un Buveur*.

Un jeune homme, la tête découverte, vu de trois quarts,
tient de la main droite un pot à bierre, dont il verse
le contenu dans une coupe qu'il tient de la main
gauche.

Cette peinture est d'une touche grasse et délicate.

Sur toile, cadre doré, hauteur 75 c., largeur 56 c.

GOYEN (Ian Van) signé

Né à Leyde en 1596, mort à La Haye en 1656.

106. — *Paysage maritime*.

Les murs d'une ville, dont on aperçoit les monuments,
sont baignés par un fleuve sur lequel on voit une
barque montée par trois pêcheurs. Dans le fond à
droite, sur la mer, on distingue un grand nombre de
navires. ciel vaporeux et plein de lumière.

Superbe tableau, de la plus fine qualité du maître. Les ouvrages de ce
peintre ne sont pas actuellement aussi chers qu'ils devraient l'être ;
mais il est plus que certain qu'ils sortiront victorieux de cet
abandon non justifié.

Sur bois, cadre doré, hauteur 54, largeur 70 c.

KRANACH (Lucas, *dit le* JEUNE

Né à Wittenberg en 1515, mort en 1586.

107. — *La partie d'Échecs*

Une dame joue aux échecs, son adversaire placé vis-à-
vis d'elle, en voyant le coup que son partenaire assis
auprès d'elle vient de lui indiquer, se gratte l'oreille
et semble craindre échec et mat ; derrière, plusieurs
groupes de cavaliers et de dames, quelques-uns causent, les autres paraissent s'intéresser à la partie.

A l'agrément de la scène, à tout l'esprit dont elle étincelle, ce précieux
petit tableau joint une telle fraîcheur du coloris, une telle coquetterie
du faire, un moelleux si séduisant dans la touche, que le pinceau du
peintre a dû le caresser avec une prédilection toute particulière.

Sur bois, cadre sculpté, hauteur 29 c., largeur 39 c.

DAMESZ (Lucas, *dit* LUCAS DE LEYDE

Né à Leyde en 1494, mort en 1533.

108. — *L'ascension de Jésus-Christ.*

A genoux au pied d'un monticule, la Vierge et les
douze Apôtres regardent Jésus-Christ montant au
ciel.

Finesse du dessin, touche facile, fraîcheur du coloris, disposition
admirable des figures, attitude naturelle, telles sont les qualités
que l'on retrouve dans ce précieux tableau.

Sur bois, cadre doré, hauteur 55 c., largeur 41 c.

WATERLOO (Antoine)

Né vers 1618, mort en 1662.

109. — *Paysage.*

Un site agreste, coupé par un sentier sur lequel passe
un berger conduisant son troupeau, à droite des mai-
sonnettes perdues dans de grands arbres; dans le
fond le clocher du village.

Peinture d'une grande franchise de tons, d'une exécution large et
ferme.

Sur toile, cadre doré, hauteur 62 c., largeur 81 c.

HELST (Bartholomeus Van der)

Né à Harlem en 1601, mort à Amsterdam en 1670.

110. — *Portrait d'homme.*

Il est vu presque de face, nu tête, coiffé de longs cheveux tombant sur ses épaules, il porte de petites
moustaches et la mouche, un pourpoint noir à manches ouvertes, et tient des gants de la main gauche.

A la puissance de la couleur, à l'ampleur de la touche on reconnaît
un émule de Van Dyck.

Sur toile, cadre doré, sculpté, hauteur 84 c., largeur 68 c.

CHAMPAIGNE (Philippe de)

Né à Bruxelles en 1602, mort à Paris en 1674.

111. — *Portrait d'homme.*

Le personnage porte un vêtement brun, sur la tête une calotte noire, de longs cheveux, de petites moustaches et une mouche, au cou un large col blanc rabattu.

Cette tête est largement et magistralement peinte dans ces tons pleins et chauds, qui n'appartiennent qu'aux grands maîtres.

Sur toile, cadre doré, hauteur 47 c., largeur 39 c.

CHAMPAIGNE

112. — *Le Voile de sainte Véronique.*

La face de Jésus souffrant la Passion est reproduite sur une draperie blanche.

A la vue de ces traits livides et sanglants, on est saisi d'une invincible pitié.

Sur toile, cadre doré, hauteur 61 c., largeur 50 c.

CHAMPAIGNE (Ecole de)

113. — *Portrait de messire P.-D. Sève (daté de 1648).*

Il est coiffé d'une calotte noire, vêtu d'un manteau brun et d'un col blanc rabattu, ses cheveux, sa mou-

che et ses moustaches sont gris, la main droite est
posée sur sa poitrine. de l'autre il tient un porte-
feuille.

Portrait à remarquer pour la vigueur de la touche et la transparence
dans les ombres.

Sur toile, hauteur 85 c., largeur 64 c.

CHAMPAIGNE (Ecole de)

114. — *Portrait d'homme.*

Vu de trois quarts à droite, il est vêtu d'une robe brune
damassée, d'un rabat blanc en mousseline et porte de
longs cheveux et de petites moustaches ; fond uni.

Cette tête bien dessinée se détache d'une manière brillante et vigoureuse.

Sur toile , hauteur 85 c., largeur 65 c.

CHAMPAIGNE (Ecole de,

115. — *Portrait d'homme.*

Le personnage est vêtu d'un pourpoint noir ouvert sur
la poitrine et d'un col blanc uni. Il porte une calotte
sur la tête, de longs cheveux, la mouche et de petites
moustaches.

Cette demi-figure offre un modelé parfait et une grande franchise
dans la touche.

Sur toile, cadre noir, hauteur 66 c., largeur 54 c.

HOBBEMA (Meindert ou Meinder Hout) signé

Florissait en 1663.

116. — *Paysage avec figures.*

Site des environs de Harlem. Au milieu du premier
plan, sur une route, un cavalier demande son chemin. Un peu plus loin deux hommes et une femme
étendent de la toile ; à droite les bâtiments d'une
blanchisserie, à gauche de grands arbres: dans le
fond la ville de Harlem, avec sa cathédrale, ses clo-
chers, ses moulins à vent.

Cette belle peinture, large et puissante, semble avoir été faite sur
commande et d'après nature. Les figures sont du maître. Le
tableau est signé, dans la pâte, M. HOBBEMA.

Sur toile, cadre doré, hauteur 78 c., largeur 1m04 c.

ÉCOLE ALLEMANDE (XVIᵉ siècle)

117. — *La Vierge et l'Enfant Jésus.*

La Vierge, assise au pied d'un arbre, presse l'Enfant
Jésus sur son sein. Sa tête est ornée de longs cheveux tombant sur ses épaules. Elle est coiffée d'un
voile et porte une robe rose garnie de fourrures et
un manteau rouge.

Composée dans le style simple et naïf de cette époque, cette production offre une touche savante et une grande franchise dans les
teintes.

Sur bois, cadre noir, hauteur 67 c., largeur 52 c.

ORLEY (Bernard van)

Né à Bruxelles en 1500, mort en 1560

118. — *Le Christ descendu de la croix.*

Le corps de Jésus est couché par terre, sur un linceul, la tête soutenue par sa mère. Saint Jean, debout, est derrière elle. Madeleine , agenouillée ,
embrasse les pieds du Sauveur. Marie Salomé supporte un de ses bras : auprès d'elle sainte Marthe
les mains jointes. Joseph d'Arimathie et Nicodème,
placés à gauche, considèrent le corps du Rédempteur.

Ce tableau, composé et exécuté avec beaucoup de verve et de fini, est
d'un bon style de dessin. Toutes les figures ont le caractère qui
leur est propre. La mort est bien exprimée sur le visage livide du
Christ et dans l'affaissement des muscles de son corps.

Sur bois, cadre doré, hauteur 1m25, largeur 96 c.

ÉCOLE FLAMANDE (xviie siécle)

119. — *Portrait d'un évêque.*

Le prélat est coiffé d'un bonnet noir et vêtu d'une robe
de même couleur, liserée de rouge ; il porte un col
blanc rabattu. Sa barbe est noire.

Ce petit portrait joint à la puissance du coloris la finesse de la minia-
ture.

Cadre ovale, doré, hauteur 9 c., largeur 7 c.

ÉCOLE FLAMANDE (xviiᵉ siècle), pendant du précédent

120. — *Portrait d'homme.*

Représenté de trois quarts, à droite. Son vêtement est
brun, sa cravate blanche, ornée d'un ruban rouge.
Il porte de longs cheveux.

Cette mignonne peinture est exécutée comme son pendant.

Cadre ovale, doré, hauteur 9 c., largeur 7 c.

GOLZIUS (Henri), signé d'un monogramme

Né à Mulbrach en 1558, mort en 1647.

121. — *Saint Jean-Baptiste*

Assis sur les bords du Jourdain, il porte un cilice en
poils de chameau et un manteau rouge. De la main
droite il tient une croix ; son agneau est près de lui.
Dans le lointain le peintre a représenté deux sujets
tirés de la vie du saint : dans l'un on le voit au bord
d'une rivière, baptisant Jésus-Christ, dans l'autre
haranguant le peuple.

Cet admirable tableau réunit au plus haut degré les qualités de composition, de couleur et d'exécution.

Sur bois, cadre ancien, hauteur 75 c., largeur 1ᵐ04 c.

BRILLE (Paul)

Né à Anvers en 1554, mort à Rome en 1626.

122. — *Paysage avec figures.*

Une campagne coupée par une rivière. A droite un
sentier bordé de grands arbres. Au pied d'un vieux
chêne, deux pâtres causent en gardant leur troupeau. Dans le fond, à gauche, on voit un bûcheron
avec son enfant.

Bonne production du maître, d'un coloris chaud et brillant, d'une
exécution très-soignée.

Sur bois, cadre sculpté, hauteur 45 c., largeur 64 c.

———

BRILLE

123. — *Paysage biblique.*

Le site est traversé par un ruisseau, sur lequel est jetée
une passerelle en bois rustique; un chemin y aboutit
en longeant une forêt. Sur ce sentier on remarque
deux anges flagellant une tortue. Ciel d'orage.

Dans cette ravissante petite production, on trouve réunies toutes les
qualités qui distinguent cet artiste de mérite.

Sur bois, cadre sculpté, ovale, hauteur 30 c., largeur 28 c.

ÉCOLE FLAMANDE (xvie siècle)

124. — *Portrait d'un jeune homme*, daté de 1576.

Cheveux bruns et courts, avec une barbe naissante. Il
porte un vêtement noir, une petite fraise au cou.

Cette figure, touchée avec esprit, a beaucoup de vie.

Sur bois, hauteur 23 c., largeur 19 c.

WIT (Jacques de), signé

Né à Amsterdam en 1695, mort en 1754.

125. — *Adoration des Mages.*

LaVierge, assise, tient son divin Fils sur ses genoux et
le présente à l'adoration des Mages. L'un d'eux, prosterné à ses pieds, lui offre de l'encens. Un personnage
de la suite est assis à droite. Sur le premier plan,
des vases sont couchés pêle-mêle. A droite, des
domestiques apportent des coffres renfermant les
présents. A l'arrière-plan on aperçoit un temple
derrière l'étable.

Cet ouvrage, par son exécution soignée, son coloris brillant, par son
ton doré et harmonieux, égale les plus beaux tableaux de van
Eeckhout.

Sur bois, cadre doré, hauteur 73 c., largeur 94 c.

ÉCOLE ALLEMANDE (xvie siècle)

126. — *Saint Jérôme.*

Dans une grotte, le saint, vu de profil, est agenouillé, les mains jointes, devant un crucifix. Près de lui une tête de mort posée sur un fragment de rocher. On distingue une mouche posée sur sa jambe gauche. Son lion est couché à ses pieds.

Bien que les détails de cet ouvrage soient rendus avec le soin le plus minutieux, la touche n'en est pas moins ferme et large, le dessin très-franc.

Sur bois, cadre doré, hauteur 85 c., largeur 58 c.

EYCK (Jan van école de)

127. — *La Vierge et l'Enfant Jésus.*

L'Enfant Jésus est sur les genoux de sa mère, qui lui présente une pomme. Elle est vêtue d'une robe verte et d'un manteau rouge. Un léger diadème orne son front.

Dans cette précieuse et mignonne production, on ne sait ce qu'il faut le plus admirer du dessin, de la couleur ou de la magie du fini.

Sur bois, cadre doré, hauteur 34 c., largeur 25 c.

HEMSSEN (Jan van)

Né à Anvers vers 1500, florissait en 1540.

128. — *Retour de Tobie*

Le jeune Tobie, suivi de l'ange Raphaël, revient de la ville de Ragès, ramenant à la maison son épouse

Sara. Sa mère, en le voyant, se précipite à son cou.
Son père, aveugle, vient au devant de lui.

Grande et belle composition d'une touche énergique largement accentuée. Les ouvrages de ce maître sont fort rares.

Sur bois, cadre sculpté, hauteur 1^m04 c., largeur 1^m35 c.

MAAS (Nicolas)

Né à Dordrecht en 1632, mort en 1693.

129. — *Portrait d'homme.*

Aux traits énergiques et imposants. Vu de face. La tête
découverte, les cheveux longs, la moustache fière-
ment relevée. Il est vêtu d'un costume noir et porte
un large col uni rabattu.

Ce portrait se distingue par la vigueur du modelé, la fermeté de la
touche et la légèreté dans les demi-teintes.

Sur toile, cadre sculpté, hauteur 67 c., largeur 50 c.

FRANCK (Jean-Baptiste)

Vivait à Anvers vers 1650.

130. — *La Vierge et son divin Fils.*

La Vierge est portée sur un nuage, tenant son enfant
sur les genoux, des chérubins sont à ses pieds.

Cette charmante petite production, remplie de sentiment et touchée
avec une grande finesse, est peinte sur cuivre, le fond en est
gravé et doré.

Sur cuivre, cadre noir, hauteur 23 c., largeur 17 c.

HOLBEIN (Hans) dit le Jeune

Né à Augsbourg, en 1498, mort à Londres en 1554.

131. — *Portrait d'un vieillard.*

Il est représenté de trois quarts, la tête nue, presque
chauve, la barbe rase et inculte, il porte un petit col
de chemise rabattu sur son vêtement gris.

Une touche grasse et légère, un coloris transparent, harmonieux et
doux, constituent le mérite de ce ravissant petit portrait du faire
le plus fin de cet habile artiste.

Sur bois, cadre doré, hauteur 21 c., largeur 16 c.

HOLBEIN (Hans)

132. — *Portrait d'un vieillard.*

Ce personnage à barbe blanche est coiffé d'une toque
noire et vêtu d'une houppelande de même couleur,
bordée de martre. Le fond du tableau est vert.

Ce portrait, peint dans le style simple et naïf de cet époque, offre une
touche savante et une grande finesse d'exécution. Morceau capital
du maître.

Sur bois, cadre doré, hauteur 60 c., largeur 53 c.

HOLBEIN (Ecole de)

133. — *Portrait d'une femme.*

Cette dame, vue de trois quarts, est coiffée d'un fichu

noir, fixé sur la tête par une bande de guipure, elle est vêtue d'une robe noire et d'une collerette blanche.

Les qualités réelles de ce portrait pourraient facilement le faire accepter comme étant de Hans Holbein.

Sur bois, cadre doré, hauteur 17 c., largeur 14 c.

HOUTHYSEN (signé)

Maître inconnu.

134. — *Paysage avec figures.*

Sur une route, à l'entrée d'un bois, quatre hommes armés arrêtent un cavalier ; dans le fond à gauche une rivière.

En voyant ce style, cette savante opposition des lumières et ce feuillé si spirituellement peint, on se demande si le princeau de Ruysdaël n'est pour rien dans l'exécution de ce beau paysage.

Sur bois, cadre doré, hauteur 55 c., largeur 66 c.

REMBRANDT (Van Ryn)

Né près de Leyde en 1608, mort à Amsterdam en 1669.

135. — *Portrait d'un vieillard à barbe blanche.*

La physionomie grave et noble de ce vieillard, son costume, la chaîne d'or à laquelle est suspendu un médaillon, indiquent un personnage de distinction.

Ce portrait, remarquable par le naturel et la simplicité de l'attitude, la fermeté de la touche, la vigueur et la vérité du coloris, la magie du clair-obscur, est une des belles productions de Rembrandt.

Sur toile, cadre doré, hauteur 60 c., largeur 53 c.

REMBRANDT

136. — *Portrait d'homme.*

Ce portrait représente un homme jeune, vu de trois quarts, coiffé d'une toque ornée d'une chaîne d'or, il porte de longs cheveux bouclés tombant sur les épaules, au cou un ruban auquel est appendu un médaillon ; son ajustement, qui est des plus pittoresques, a le caractère espagnol.

On admire dans ce magnifique portrait la fermeté de la touche, la vigueur et la vérité du coloris, une manière d'empâter qui diffère essentiellement de celle de tous les autres peintres, mais qui, à distance convenable, fait un effet prodigieux.

Dans cette œuvre, Rembrandt a atteint la suprême hauteur de son art et prouvé qu'il est le maître souverain du clair-obscur.

Sur toile, cadre ovale, doré, hauteur 64 c., largeur 53 c.

RUBENS (Pierre-Paul) d'après

137. — *L'Education de la Vierge.*

Sainte Anne fait lire la Sainte Vierge, un ange tenant une couronne à la main voltige au-dessus de leurs têtes.

Charmant médaillon peint sur cuir de Cordoue. Objet rare, très-recherché des amateurs.

Sur cuir, hauteur 62 c., largeur 40 c.

VRIES (Jan Renier van) signé

Né à Harlem, florissait en 1687.

138. — *Paysage.*

Sur le bord d'une rivière on voit plusieurs chaumières entourées d'arbres, et des pêcheurs qui amarrent leur barque.

Peinture d'une belle couleur, de l'exécution la plus libre et la plus spirituelle.

Sur bois, cadre doré, hauteur 41 c., largeur 57 c.

W. S. Signé de ce monogramme

Maître inconnu.

139. — *Paysage avec figures.*

On voit sur la lisière d'un bois ,des chasseurs avec leurs chiens, un cavalier regarde un personnage placé à gauche qui ajuste un oiseau.

En examinant avec soin l'ensemble et surtout les figures de ce délicieux tableau, on arrive involontairement à songer aux Wouvermans.

Sur bois, cadre doré, hauteur 55 c., largeur 41 c.

FEBURS Signé

Maître inconnu.

140. — *Sainte Famille.*

La Vierge assise, tient sur ses genoux un cahier de musique, près d'elle l'Enfant Jésus et le petit saint

Jean, saint Joseph est à gauche, derrière la Vierge à droite trois anges faisant de la musique ; dans le fond, les ruines d'un palais.

Ouvrage d'une belle couleur, d'une touche franche et libre. Ce peintre a dû étudier les maîtres Vénitiens.

Sur bois, cadre doré, hauteur 98 c., largeur 72 c.

AGNEM (Jérôme) *dit* **BOSCH**

Né à Bois-le-Duc vers 1450, mort vers 1518.

141. — *Saint Jérôme.*

Au pied d'une croix, dans l'attitude de la contemplation, le Saint se frappe la poitrine avec un caillou. Dans le fond, une colline au bas de laquelle coule une rivière.

Ce morceau, admirablement peint, est d'un coloris vigoureux et transparent, le dessin naïf et correct est plein d'originalité. Les compositions de ce maître sont fort rares, le musée du Louvre n'en possède pas. Bosch fut l'un des premiers artistes qui peignirent à l'huile en Hollande.

Sur bois, cadre doré, hauteur 65 c., largeur 49 c.

ANDRÉAS VAN ERTVELT Signé

Maître inconnu.

142. — *Son portrait.*

En buste vu presque de face, la chevelure, la barbe et

la moustache blonde, vêtu de noir, il porte une large fraise de guipure.

Ce portrait habilement traité est d'un excellent coloris, il brille particulièrement par la vivacité de l'expression, par un modelé puissant et l'accord suave des tons.

Sur bois, cadre doré, hauteur 55 c., largeur 45 c.

BREEMBERG (Bartholomé)

Né à Utrecht en 1620, mort en 1660.

143. — *Paysage avec ruines.*

Dans un beau site, orné d'édifices romains en ruines, des bergers gardent leurs troupeaux.

Ce beau tableau est de la qualité de celui qui dépendait de la collection du prince de Conti.

Sur bois, cadre sculpté, hauteur 1ᵐ14 c., largeur 1ᵐ45 c.

BOTH (Jan) *dit* **BOTH D'ITALIE**

Né à Utrecht en 1610, mort en 1650.

144. — *Paysage italien.*

Eclairé par un effet de soleil, indiquant le déclin du

jour, à gauche un site montueux baigné par une rivière, le sol est rocailleux, onduleux et couvert de broussailles ; au centre de la composition un grand arbre gracieusement élancé. Des figures et des animaux étoffent ce beau paysage.

Cette jolie toile, par son invention, rappelle Herman d'Italie avec le goût des meilleurs tableaux d'Asselyn; elle est particulièrement remarquable par la belle entente de la lumière et une touche puissante et chaude.

Sur toile, cadre sculpté, hauteur 1m15 c., largeur 1m40 c.

ÉCOLE FRANÇAISE

SARABBAT

Florissait au xviiᵉ siècle.

145. — *Saint Jacques-le-Mineur.*

Il est représenté de trois quarts, la màin droite posée
sur un livre, sa barbe et ses cheveux sont blancs ; il
est couvert d'un manteau ajusté d'une manière large
et pittoresque.

La couleur de cette figure est brillante et bien soutenue, la touche en
est leste et solide.

Sur toile, cadre sculpté, hauteur 75 c., largeur 65 c.

ÉCOLE FRANÇAISE (xviiiᵉ siècle)

146. — *Le Christ au jardin des Oliviers.*

Jésus est agenouillé vêtu d'une tunique rose et d'un
manteau bleu, le bras droit posé sur une pierre, près

de lui est un calice. Un ange le soutient et lui montre le ciel.

Les figures de ce tableau sont exécutées avec soin, la couleur en est harmonieuse et douce.

Sur toile, cadre sculpté, hauteur 64 c., largeur 51 c.

SUBLEYRAS (Pierre)

Né à Uzès en 1699, mort à Rome en 1749.

147. — *Saint Joseph.*

Est vu de trois quarts ; il a la barbe et les cheveux blancs, ses mains s'appuient sur un bâton, un lys placé dans la gauche ; il porte un vêtement gris et un manteau jaune.

L'expression de cette belle figure est simple et austère, la bonté et la douceur brillent dans tous ses traits.

Sur toile, cadre doré, hauteur 72 c., largeur 60 c.

ÉCOLE FRANÇAISE (xviie siècle)

148. — *La sainte Vierge, l'Enfant Jésus et saint Joseph.*

La Vierge, assise sur un banc de pierre, tient l'Enfant Jésus sur ses genoux, elle considère le Sauveur, qui tient à deux mains un petit oiseau, qu'il va rendre à

la liberté, Saint-Joseph est vu au fond dans un
paysage.

La grâce du dessin, la douceur des caractères et un coloris solide se
retrouvent dans ce morceau soigneusement exécuté.

Sur toile, cadré doré, hauteur 73 c., largeur 56 c.

ÉCOLE FRANÇAISE (XVIIIe siècle)

149. — *Saint André.*

Le Saint agenouillé, prie les mains jointes, les yeux
fixés sur l'instrument de son supplice ; deux bourreaux sont près de lui.

Pinceau frais, exécution soignée.

Sur toile, cadre doré, hauteur 53 c., largeur 38 c.

HIRE (Laurent de la)

Né à Paris en 1606, mort en 1656.

150. — *La réprobation de Caïn après la mort d'Abel.*

Dans les airs le Père éternel, soutenu par des anges,
maudit Caïn qui vient de tuer son frère Abel, le
meurtrier s'enfuit épouvanté; sur le premier plan le

corps de la victime git renversé. Dans le fond du paysage, sur un monticule on aperçoit un autel.

Grande et belle production qui se recommande par une touche libre, bien accentuée, par une couleur franche et pétillante et un dessin d'une correction parfaite.

Sur toile, cadre doré, hauteur 1ᵐ12 c., largeur 1ᵐ26 c.

———

GRANET (François Marius)

Né à Aix en 1775, mort en 1849.

151. — *La mort d'un Chartreux.*

Il est vu dans sa cellule couché sur un lit, un religieux debout l'asperge avec de l'eau bénite, d'autres placés au pied du lit le contemplent, au premier plan un Chartreux est prosterné la face contre terre,

Cette esquisse est pleine de franchise et démontre une grande facilité d'invention.

Sur bois, cadre doré, hauteur 32 c., largeur 22 c.

———

VERNET (Claude Joseph)

Né à Avignon en 1714, mort en 1789.

152. — *L'Orage.*

Un homme et une femme suivis d'un chien, ne pouvant résister à la violence du vent, cherchent à se refugier vers un mausolée. Les arbres semblent emportés par l'impétuosité de la bourrasque : le ciel est noir, la brume obscurcit le fond du paysage.

Dans cette composition Vernet a déployé une fermeté de touche et une vigueur d'effet surprenante.

Sur toile, cadre doré, hauteur 50 c., largeur 74 c.

DUPRÉ (Georges)

de Lyon.

153. — *La Vierge et l'Enfant Jésus.*

La Vierge, coiffée d'un voile jaune, vêtue d'une robe rouge et d'un manteau bleu, est portée sur un nuage tenant le divin enfant sur ses genoux.

Peinture du plus agréable aspect et du meilleur faire de l'artiste.

Sur bois, cadre ovale, doré, hauteur 48 largeur 36 c.

DUPRÉ (Georges)

154. — *Tête de jeune fille.*

Cette figure est coiffée de longs cheveux blonds tombant sur ses épaules, elle est vêtue d'une robe verte garnie d'un large galon d'or enrichi de pierreries.

Morceau d'une riche couleur, d'une exécution très-soignée.

Sur bois, cadre doré, hauteur 39 c., largeur 33 c.

DUPRÉ (Georges)

155 — *Buste d'un moine.*

Il est vu de trois quarts à gauche, revêtu d'une robe
de bure.

Cette petite figure, bien dessinée, bien peinte, est touchée avec
esprit.

Sur bois, cadre doré, hauteur 17 c., largeur 14 c.

DUPRÉ (Georges)

156. — *Buste d'un homme de guerre.*

Le personnage est représenté de trois quarts, avec des
moustaches et de longs cheveux, coiffé d'une toque. Il est revêtu d'une cuirasse.

Ce pastiche est d'une exécution, d'un effet et d'une couleur tout à fait
Rembranesque. Pendant du précédent.

Sur bois, cadre doré, hauteur 17 c., largeur 14 c.

ÉCOLE FRANÇAISE (XVIIᵉ siècle)

157. — *La Sainte Vierge.*

Sa tête est vue de face, légèrement inclinée à gauche,
ornée d'un voile tombant sur les épaules. Elle est

vêtue d'une robe rose et d'un manteau bleu. Fond de paysage.

La grâce et la douceur sont le partage de cette jolie figure de la Vierge.

Sur toile, cadre doré, hauteur 60 c., largeur 52 c.

ÉCOLE FRANÇAISE (xviiᵉ siècle)

158. — *Portrait d'un cardinal.*

Il est coiffé d'une calotte rouge, d'où s'échappent de longs cheveux. Son costume se compose d'un camail de même couleur et d'un col blanc rabattu. Il tient de la main droite une lettre sur laquelle se trouve la signature illisible du peintre.

Beau portrait peint avec une excessive habileté, une grande richesse de ton et une parfaite harmonie.

Sur toile, hauteur 74 c., largeur 60 c.

BRUANDET *dit le* RUYSDAEL FRANÇAIS

Né vers 1752, mort en 1803

159. — *Paysage.*

On voit sur un étang une barque montée par deux

hommes. A droite un chemin longeant un grand bois.

Cette jolie toile est exécutée avec une pureté et une finesse particulière. Le feuillé gras et léger des arbres est tout à fait dans la manière de Ruysdaël.

Sur toile, cadre doré, hauteur 45 c., largeur 39 c.

JOUVENET (Jean)

Né à Rouen en 1644, mort à Paris en 1717.

160. — *L'Eau changée en vin.*

Jésus-Christ est debout, la main droite levée vers le Ciel ; une amphore est placée devant lui. La Vierge, les mains posées sur la poitrine, le contemple, attendant l'accomplissement du miracle.

Production d'une bonne couleur, d'un pinceau fini, bien que d'un faire large.

Sur toile, cadre doré, rond, hauteur 24 c., largeur 24 c.

BLANCHET (Thomas)

Florissait à Lyon en 1680.

161. — *Dieu le Père.*

Vêtu d'une robe grise et d'un manteau rouge, le Père Eternel est assis sur un nuage, tenant de la main droite le globe surmonté de la croix.

Cette production rappelle, par ses belles qualités, les magnifiques peintures de ce maître, qui décorent les plafonds de l'Hôtel-de-Ville de Lyon.

Sur toile, cadre ovale, doré, hauteur 88 c., largeur 75 c.

BLANCHET

162. — *Deux Anges.*

L'un est à genoux, tenant une draperie blanche, l'autre debout, porte un calice.

Ces deux figures sont peintes dans sa manière chaudé et vigoureuse.

Sur toile, hauteur 67 c., largeur 89 c.

BLANCHET (L.-G.) signé

Lyon 1758.

163. — *Saint Jean-Baptiste.*

A l'entrée d'une grotte, près d'une source, le jeune saint Jean, assis sur le roc, entoure son agneau de son bras droit et lui donne à manger. Une croix de roseau est posée contre un rocher.

A la disposition générale, à la puissance de la couleur, à l'ampleur de la touche, et surtout à la perfection avec laquelle est dessiné saint Jean, on devine un élève de Thomas Blanchet. On serait heureux de voir figurer cette jolie toile au Musée de Lyon, dans la salle réservée aux peintres lyonnais.

Sur toile, hauteur 87 c., largeur 1m42 c.

ÉCOLE FRANÇAISE (xviiie siècle)

164. — *L'Adoration du Saint-Sacrement.*

Il est porté au ciel, soutenu par des Chérubins assis
sur un nuage, des anges en adoration voltigent dans
l'espace.

Charmante composition, d'un caractère tout à fait mystique.

Sur cuivre, cadre doré, ovale, hauteur 33 c., largeur 27 c.

ÉCOLE FRANÇAISE (xviie siècle)

165. — *La Vierge.*

Elle est représentée de face les yeux fixés au ciel, les
mains posées sur la poitrine, un bandeau de mousseline blanche orne son front ; elle porte un voile brun,
une robe rouge et un manteau bleu.

La douce modestie, la candeur aimable que l'on remarque sur ce
visage caractérisent admirablement la Vierge.

Sur toile, cadre doré, ovale, hauteur 69 c., largeur 56 c.

LAGRENÉE (Louis-Jean-François) *dit* **L'AINÉ**

Né à Paris en 1724, mort en 1805.

166. — *Saint Sébastien.*

Le saint percé de flèches est sur un rocher, étendu
contre un arbre, auquel son bras gauche est encore

attaché, une draperie blanche recouvre une partie de
son corps ; on voit à gauche un soldat qui le regarde,
à droite d'autres soldats et des cavaliers retournant à
Rome après l'exécution.

La manière de ce peintre est spirituelle et expressive, sa couleur
tendre et harmonieuse.

Sur toile, cadre sculpté, hauteur 66, largeur 49 c.

LAGRENÉE

167. — *Saint Joseph et l'Ange.*

Le saint dort le coude posé sur son établi la tête
appuyée sur sa main droite, un ange le réveille et
lui ordonne de fuir en Egypte avec l'Enfant Jésus et
sa mère ; sur le premier plan à gauche on voit dans
une corbeille des outils de charpentier ; dans le fond
la Vierge avec son Enfant.

Cette esquisse terminée est d'une touche grasse et hardie.

Sur toile, hauteur 56 c., largeur 44 c.

LAGRENÉE

168. — *Le martyre de saint Pierre.*

Les exécuteurs dressent la croix sur laquelle est attaché saint Pierre, la tête en bas, et vont la fixer en
terre, deux d'entre eux la poussent par derrière, un

autre la retient avec une corde ; à droite au pied
d'une statue est un proconsul à cheval. Un ange descend du ciel apportant une couronne.

Bonne esquisse bien composée, d'un pinceau libre et facile.

Sur toile, hauteur 41 c., largeur 33 c.

ÉCOLE FRANÇAISE (XVIIe siècle)

169. — *Portrait du cardinal Richelieu.*

Le personnage est coiffé d'une calotte rouge, ses cheveux, sa mouche et ses moustaches sont gris ; il porte
sur son camail rouge un grand col blanc rabattu et
le ruban bleu de l'ordre du Saint-Esprit.

Bonne expression, bon coloris.

Sur toile, hauteur 53 c., largeur 42 c.

ÉCOLE FRANÇAISE (XVIIe siècle)

170. — *La Vierge au milieu d'une guirlande de fleurs.*

Dans un médaillon la Vierge assise sur un nuage, contemple Dieu le Père, des Anges sont près d'elle, à ses
pieds le globe entouré du serpent.

Le médaillon est exécuté d'un pinceau doux et moelleux, la couleur
en est suave. La guirlande de fleurs est d'une touche fraîche
et solide.

Sur toile, cadre doré, hauteur 1ᵐ17, largeur 98 c.

TROY (Jean-François de)

Né à Paris en 1679, mort en 1752.

171. — *Saint Jean Baptiste.*

Le jeune Précurseur, assis à l'entrée d'une grotte, près
d'une source, considère son agneau ; il est vêtu d'une
peau de mouton qui laisse à découvert la partie supé-
rieure de son corps, il tient à la main une croix de
roseau.

Une exécution des plus soignées, un coloris fin et délicat, une expression de candeur et d'innocence distinguent cette charmante figure
d'enfant.

Sur toile, hauteur 1^m32, largeur 97 c.

GRIMOU (Alexis)

Né à Romont en 1680, mort à Paris en 1740

172. — *Lucrèce.*

Lucrèce, en se plongeant un poignard dans le sein,
lève ses derniers regards vers le Ciel, dont elle
invoque la vengeance. De longs cheveux, ornés de
perles, tombent sur ses épaules ; elle est vêtue d'une
tunique blanche et d'un manteau pourpre.

Cette figure est remarquable par la fraîcheur et la suavité des teintes,
par la pureté du dessin, la beauté de l'expression, la grâce et
la légèreté de la touche.

Sur toile, cadre doré, hauteur 88 c., largeur 67 c,

ÉCOLE FRANÇAISE (XVIIe siècle)

173. — *Jésus apparaît à la Madeleine sous la figure d'un jardinier.*

Le Christ, debout, tient une bêche à la main ; il s'éloigne de la Madeleine, qui est à genoux, et semble lui dire : « Ne me touchez pas. » A droite on aperçoit trois anges près du sépulcre ; dans le fond une montagne.

Bonne production, bien dessinée, bien peinte.

Sur toile, hauteur 96 c., largeur 74 c.

ÉCOLE FRANÇAISE (XVIIe siècle)

174. — *Portrait de Pierre Thomas, confesseur du roi.*

Le personnage est vu de trois quarts ; il porte une mouche et des moustaches blanches, des cheveux courts ; il est coiffé d'une calotte noire. Sur son costume, de même couleur, est un col blanc rabattu. Sa main droite est posée sur sa poitrine, l'autre sur une table.

Peinture large, touche vigoureuse.

Sur toile, hauteur 94 c., largeur 73 c.

AUTREAU (Louis)

Né à Paris en 1692, mort en 1750.

175. — *Portrait d'homme.*

Personnage d'un air éveillé, vu de face, coiffé d'un
bonnet de couleur, posé sur l'oreille. Sa chemise
ouverte laisse son cou découvert. Il porte un habit
jaunâtre, à ramages, et un manteau sur le bras
droit.

Ce petit portrait est habilement traité et d'un excellent ton de couleur.
Il brille particulièrement par la vivacité de l'expression. La santé
et la vie resplendissent sur ce visage.

Sur toile, cadre doré, hauteur 22 c., largeur 17 c.

SUEUR (Eustache le)

Né à Paris en 1617, mort en 1655.

176. — *Saint François-Xavier.*

Il est en extase, les mains jointes, les yeux fixés au
Ciel. Il porte un vêtement noir. Derrière lui un religieux tenant un livre recouvert de parchemin.

Dans cette production, Le Sueur a donné à son dessin et à ses attitudes la correction, la grâce et la finesse du sentiment le plus exquis,
à sa couleur l'harmonie la plus suave.

Sur toile, hauteur 91 c., largeur 70 c.

LE SUEUR

177. — *Vision de saint Bruno.*

Le saint est vu dans un paysage, à genoux, les mains jointes, les yeux levés au ciel. Au-dessus de lui on aperçoit saint Michel tenant un glaive de la main droite, de l'autre un bouclier d'où jaillit un éclair qui vient frapper Satan, a pris la forme d'un animal fantastique. Sur le premier plan, près d'un livre, on voit une tête de mort, une croix et une mitre d'évêque.

Cette petite composition, d'un coloris séduisant, est peinte avec fermeté et délicatesse.

Sur toile, cadre doré, hauteur 66 c.. largeur 42 c.

VAN LOO (Louis-Michel)

Né à Toulon en 1707, mort en 1771.

178. — *La Madeleine.*

Dans une grotte, assise sur un rocher, la pécheresse lève les yeux au ciel. Sa main gauche est posée sur sa poitrine, l'autre est tendue vers une tête de mort.

Cette figure est d'une expression bien choisie et d'une couleur décidée et agréable. Les draperies en sont spirituellement touchées.

Sur toile, cadre sculpté, hauteur 95 c., largeur 67 c.

MIGNARD (Pierre)

Né à Troyes en 1610, mort à Paris en 1695.

179. — *La Modestie et la Vanité.*

La Vanité est représentée sous les traits d'une jeune et jolie femme richement parée, vêtue d'une robe cerise et d'un manteau bleu, la main gauche posée sur sa poitrine, l'autre appuyée sur un fauteuil. Elle semble écouter la Modestie, placée de l'autre côté d'une table chargée de bijoux et d'objets de toilette. Celle-ci est simplement vêtue d'une robe bleue et d'un manteau de laine brune, qui la couvre entièrement. D'une main elle retient ce vêtement, de l'autre elle montre le ciel, pour faire comprendre à la Vanité que là seulement sont les vraies richesses.

La grâce, la pureté du dessin et du coloris, la vérité des caractères et l'exactitude des détails se retrouvent dans cette peinture, soigneusement exécutée.

Sur toile, cadre doré, hauteur 1ᵐ05 c., largeur 1ᵐ28 c.

MIGNARD

180. — *Saint Michel vainqueur du Démon.*

L'archange est debout, les ailes déployées, foulant aux pieds Satan et les anges rebelles. Dans sa main droite est une épée flamboyante ; de l'autre il tient le Démon enchaîné.

Beau mouvement, pureté de formes, vigueur et noblesse d'expression, coloris vif et transparent, Mignard n'a rien oublié dans l'exécution de cet ouvrage.

Sur toile, cadre sculpté, hauteur 94 c., largeur 72 c.

MIGNARD

181. — *Uranie.*

La Muse, vêtue d'une robe verte et d'un manteau rouge, est assise, vue presque de face, les yeux levés au Ciel. Le bras qui soutient sa tête s'appuie sur un globe céleste. De la main droite elle tient un compas.

Production excellente, pleine d'ampleur, d'un dessin correct et résolu.

Sur toile, cadre doré, hauteur 1ᵐ, largeur 82 c.

PERRIER (Guillaume)

Né à Saint-Jean-de-Losne en 1610, mort en 1674.

182. — *La Charité chrétienne.*

Un religieux est debout sur le seuil d'un monastère, il tient un crucifix de la main droite, de l'autre il indique le ciel ; deux frères de son ordre sont près de lui distribuant des médicaments à une foule de malades ; sur le premier plan à gauche soutenu par une femme un malheureux expire.

Obligé de se refugier à Lyon à la suite d'un meurtre, Guillaume passa une partie de sa vie dans le couvent des Minimes où il exécuta ce beau tableau qui porte sa signature, avec le millésime de 1645.

Sur toile, cadre sculpté, hauteur 1ᵐ65 c., largeur 1ᵐ27 c.

VOUET (Simon)

Né à Paris en 1 0, mort en 1649.

183. — *Le sacrifice de Manué.*

En voyant se transformer en ange et monter au ciel l'homme qui lui annonçait la fin de la stérilité de son mariage, Manué, saisi d'étonnement et de frayeur tombe agenouillé la face contre l'autel de pierre, sur lequel brûle un chevreau, qu'il offre en holocauste au Seigneur ; sa femme paraît aussi troublée que lui.

Cette toile, par son dessin grandiose, sa couleur grave et simple et les dispositions de ses draperies, a quelque ressemblance avec les ouvrages de Le Sueur.

Sur toile, hauteur 1ᵐ52 c., largeur 1ᵐ23 c.

STELLA (Jacques)

Né à Lyon en 1596, mort au Louvre en 1657.

184. — *La sainte Vierge et l'Enfant Jésus.*

La Vierge est assise de face, le divin Enfant sur ses

genoux, de sa main droite elle tient une draperie blanche qui couvre en partie l'enfant nu, de la gauche un de ses petits pieds, sa tête est ornée d'un voile brun tombant sur ses épaules, elle est vêtue d'une robe rouge et porte un ample manteau bleu.

Ce tableau est peint avec une chaleur digne des maitres italiens, la Vierge et l'Enfant sont dessinés avec délicatesse sans affectation, la couleur est belle et dorée, les draperies d'un goût sévère largement disposées.

Sur toile, cadre doré, hauteur 1ᵐ15 c., largeur 85 c.

STELLA (Claudine Boissonet)

Né à Lyon en 1634, morte en 1697.

185. — *Sainte Famille.*

La Vierge, la tête tournée vers la gauche, parle à saint Joseph placé derrière elle ; l'enfant Jésus est debout soutenu par sa mère, elle porte un voile blanc, une robe rose et un manteau bleu. Dans le fond, une draperie relevée laisse voir un paysage.

Cet ouvrage, terminé avec un soin extrème, est plein de grâce et de goût.

Sur toile, cadre sculpté, hauteur 26 c., largeur 19 c.

POUSSIN (Nicolas)

Né aux Andelys en 1594, moʳt à Rome en 1665.

186 — *Paysage avec figures.*

Dans un site d'Italie, sous l'ombrage de massifs d'arbres, on aperçoit des restes d'architecture, une fontaine où une femme vient puiser de l'eau ; près d'elle quelques personnages ; au loin des fabriques.

On remarque dans ce magnifique tableau toutes les beautés qui caractérisent le talent du Poussin, une grande manière, un pinceau facile et léger, le sentiment de la nature, la vigueur du relief, un coloris fier et harmonieux. Ce paysage a été bien certainement traité par ce sublime maître avec un soin tout particulier.

Sur toile, cadre doré, hauteur 73 c., largeur 1^{m}28 c.

POUSSIN

187. — *Moïse enfant foulant aux pieds la couronne de Pharaon.*

Dans une salle de son palais, Pharaon assis, vêtu d'un manteau de pourpre, regarde avec effroi Moïse qui, sur les bras d'une esclave, repousse du pied sa couronne. Thermutis, la tête ornée d'un diadème, revêtue d'un manteau bleu, est debout, regardant son père. Une vieille femme, indignée et furieuse de cet outrage, serre les poings et menace l'enfant. Dans le fond à droite et à gauche, des personnages.

Cette production d'un grand style, peinte avec une fermeté extraordinaire n'offre pas moins de vigueur que d'harmonie.

Sur toile, cadre doré, hauteur 1^{m}00 c., largeur 1^{m}07 c.

POUSSIN (Ecole du)

188. — *Saint Joseph et l'Enfant Jésus.*

Le saint, assis dans un paysage, soutient l'Enfant Jésus qui est debout et qui a la main gauche posée sur l'épaule de saint Joseph. Il tient un lys dans l'autre main.

Cette composition est d'une élégante simplicité, d'un dessin de grand goût et d'une couleur chaude et délicate ; le paysage largement touché est d'un effet juste.

Sur toile, cadre doré, hauteur 69 c., largeur 1m28 c.

DUGHET (Jean)

Florissait vers 1614.

189. — *Paysage.*

Au bord d'un ruisseau, sur le premier plan à droite, on voit la souche d'un arbre qui a été coupé, plus loin une maisonnette sur la lisière d'un bois ; à gauche, de grands arbres.

Le coloris de ce paysage est plein de vérité, de chaleur et de transparence.

Sur toile, cadre doré, hauteur 59 c., largeur 47 c.

COYPEL (Noël-Nicolas)

Né à Paris en 1688, mort en 1734.

190. — *L'Annonciation.*

La Vierge, assise dans sa chambre, un voile sur la tête,

vêtue d'une robe rose et d'un manteau bleu, est dans
une attitude exprimant la surprise, elle dirige ses
yeux vers la droite et semble entendre la voix de
l'ange qui est sur le point de lui apparaître ; on voit
près d'elle, sur un prie-dieu, ses livres de prières, à
ses pieds une corbeille à ouvrage ; à gauche, un chat
blotti sous une table garnie d'un tapis ; dans le fond
à droite une cheminée.

Cette charmante toile se distingue par un dessin plein de grâce,
un coloris séduisant, une expression douce et vraie, un style naïf
et des draperies bien jetées.

Sur toile, cadre doré, hauteur 1m14 c., largeur 1m40 c.

GELLÉE (Claude) dit *le* LORRAIN

Né au château de Champagne en 1640, mort à Rome en 1682.

191 — *Paysage avec ruines.*

L'on voit à gauche, perdu dans les arbres, la colonnade
d'un monument en ruines, à ses pieds coule une rivière, sur le bord un peu à gauche on aperçoit une
femme et un homme montés sur un âne; sur la rive
droite, au loin dans le fuyant, sur des rochers, d'an-
ciens édifices et une tour.

Cette petite toile, malgré sa dimension, comporte toutes les qualités
d'un beau et grand tableau , par la majesté des lignes, la multipli-
cité des plans, la dégradation des lointains, son ciel vaporeux et
diaphane; l'exécution est simple et d'un fini précieux, la couleur
fondue est d'un accord admirable.

Sur toile, cadre doré, hauteur 32 c., largeur 40 c.

BONNEFOND (Claude)

Ancien directeur de l'Ecole des Beaux-Arts de Lyon.

192. — *La Malaria.*

Une jeune mère vêtue du costume des paysannes des
environs de Rome est assise sur un fragment d'édifice
en ruine, tenant sur ses genoux son petit garçon dé-
voré par la fièvre ; elle lève les yeux vers le Ciel et
semble implorer la Madone. On voit près d'elle un
paquet de hardes et un bâton de voyage.

Entre toutes les perfections que l'on trouve réunies dans cet admirable
peinture, on remarque une verve d'exécution incroyable, un éclat
de ton porté au plus haut degré et un dessin plein de pureté, de
charme et d'expression.

Sur toile, cadre doré, hauteur 63 c. largeur 53 c.

RIGAUD (Hyacinthe)

Né à Perpignan en 1659, mort à Paris en 1743.

193. — *Portrait d'un gentilhomme.*

Il est représenté debout, le corps tourné à gauche, la
tête vue presque de face, de longs cheveux tombant
sur les épaules, sa chemise en fine batiste blanche
ornée de dentelles, laisse son cou à découvert; il
porte un habit en velours couleur feuille morte re-
haussé de broderies en argent, des manches bouf-

fantes assorties à la chemise et un ample manteau
de satin cerise. La main gauche est appuyée sur la
hanche, la droite étendue indiquant quelque chose.
Dans le fond, un rideau brun relevé laisse entrevoir
un paysage.

Ce portrait est d'un grand style, plein de dignité et de noblesse, d'un
coloris vif et transparent, d'un dessin pur et agréable, d'un pinceau
savant, moelleusement empâté.

Sur toile, cadre sculpté, hauteur 1m32 c., largeur 1m02 c.

BLANCHARD (Jacques)

Né à Paris en 1600, mort en 1638.

194. — *La Maternité.*

Une jeune femme assise sur un tertre, allaite son enfant
qu'elle tient dans ses bras ; près d'elle à gauche, son
autre enfant assis sur un coussin; par terre à droite,
une coupe dans laquelle il y a du feu.

Cette peinture très-agréable de ton, offre une touche douce et facile et
des draperies bien agencées.

Sur toile, cadre doré, hauteur 1m15, largeur 95 c.

D. FOUANNE signé

Maître inconnu.

195. — *La Vierge et son Fils.*

La Sainte Vierge, vêtue d'une robe rose et d'un manteau bleu, soulève délicatement de la main droite le

linge blanc sur lequel repose l'Enfant Jésus et le contemple avec tendresse.

Cette production est pleine de grâce et de naïveté, la couleur en est bien fondue et la lumière répandue avec intelligence. (Signé et daté 1735.)

Sur toile, cadre doré, hauteur 47 c., largeur 38.

ÉCOLE FRANÇAISE (XVIIᵉ siècle)

196. — *La Sainte Vierge.*

Elle est vue de profil les mains jointes, dans l'attitude de la prière, coiffée d'un voile brun tombant sur les épaules ; sa robe est rouge, son manteau bleu.

On ne peut concevoir un profil plus gracieux que celui de cette vierge, les mains sont de la plus belle forme, touchées admirablement.

Sur toile, cadre ovale, hauteur 56 c., largeur 47 c.

Lyon. — Impr du *Salut Public* — Bellon, r. de Lyon, 33.

9 782329 515793